AMAZÔNIA INDÍGENA

Márcio Souza

AMAZÔNIA INDÍGENA

3ª edição

EDITORA RECORD
RIO DE JANEIRO • SÃO PAULO
2025

CIP-BRASIL. CATALOGAÇÃO NA FONTE
SINDICATO NACIONAL DOS EDITORES DE LIVROS, RJ

S715a
3ª ed.

Souza, Márcio
   Amazônia indígena / Márcio Souza. – 3ª ed. – Rio de Janeiro:
Record, 2025.

   ISBN 978-85-01-10316-1

   1. Índios da América do Sul – Brasil. I. Título.

15-21648

CDD: 980.41
CDU: 94(=87)(81)

Copyright © Márcio Souza, 2015

Imagens do encarte: acervo do autor

Texto revisado segundo o novo Acordo Ortográfico da Língua Portuguesa.

Todos os direitos reservados. Proibida a reprodução, armazenamento ou transmissão de partes deste livro, através de quaisquer meios, sem prévia autorização por escrito.

Direitos exclusivos desta edição reservados pela
EDITORA RECORD LTDA.
Rua Argentina, 171 – Rio de Janeiro, RJ – 20921-380 – Tel.: 2585-2000.

Impresso no Brasil

ISBN 978-85-01-10316-1

Seja um leitor preferencial Record.
Cadastre-se e receba informações sobre nossos
lançamentos e nossas promoções.

Atendimento e venda direta ao leitor:
sac@record.com.br.

À amizade e ao companheirismo de Tolomen Ken Jiri,
José Ribamar Bessa Freire e
Dom Pedro Casaldáliga.

À memória de Kumu Gabriel Tukano e
Dom Tomás Balduino.

"Quando olho o nosso mundo, o nosso País, e vejo a ansiedade nos olhos das pessoas que me cercam. Quando olho e vejo os ricos ficando cada vez mais ricos e os pobres ficando cada vez mais pobres. (...) Quando olho em redor e vejo essas crianças caminhando para a marginalização, sendo levadas ao vício, ao roubo e até mesmo ao assassínio, me pergunto o que significa 'civilização'?"

  Marcos Terena

Sumário

PREFÁCIO 11
INTRODUÇÃO 17

Parte 1
A AMAZÔNIA ANTES DOS EUROPEUS

1. Os grupos de caçadores, de coletores e a transição para a agricultura 31
2. A Amazônia não era um vazio demográfico 37
3. O passado na memória dos mitos 41
4. O legado econômico do passado. Os sopros da criação 49

Parte 2
O PROCESSO COLONIAL

1. Encontros brutais 57
2. O impacto colonial na Amazônia 83
3. A tragédia amazônica 87
4. Uma índia contra o Império Português 93
5. As amazonas guerreiras 101
6. Tupinambá e portugueses em Belém do Pará 104

7. O forte de São José da Barra do Rio Negro e a
   Guerra dos Trinta Anos   110
8. Os mura   114
9. Os manau   117
10. Outras rebeliões na Amazônia   123
11. A visitação do Santo Ofício no Pará e o terrorismo
    cultural contra as práticas medicinais indígenas   125
12. O choque cultural não cessará jamais   131

Parte 3
ILUMINAÇÕES LENDÁRIAS

1. Navegando em águas fabulosas   139
2. As ilhas de Jurupari   143
3. Incas viajantes e o cacique Buopé   160
4. Nas brumas da História   168
5. O reino do tuxaua Ajuricaba   171
6. Agonia e resistência   178
7. O grande corredor civilizatório   184
8. Geografia e fantasia   191
9. Miragens   195

Parte 4
A MODERNIZAÇÃO AUTORITÁRIA

1. Integração forçada e extermínio   203
2. A institucionalização do genocídio   215
3. Sustentabilidade: ciência ou slogan publicitário?   233
4. Quem destrói o mundo?   238

BIBLIOGRAFIA   245

Prefácio

UMA ÁRVORE DERRUBADA, UMA PALAVRA SUPRIMIDA

José R. Bessa Freire (UERJ e UNIRIO)

Nenhum livro mexeu tanto conosco, na Amazônia, como *A expressão amazonense do colonialismo ao neocolonialismo*, escrito por Márcio Souza. O livro publicado em 1977, quando a ditadura militar ainda mantinha seus dentes bem arreganhados, abriu clarões, iluminou as salas de aula da Universidade Federal do Amazonas e nos indicou caminhos a percorrer. Foi uma lufada de inteligência e de liberdade no meio das trevas. Durante sucessivos semestres, discutíamos cotidianamente o texto com nossos alunos, usando-o como um pastor usa a Bíblia. No bom sentido. Com o senso crítico aguçado. Nada do que debatíamos dispensava consulta aos seus capítulos e versículos. Funcionava como um espelho, onde podíamos ver a nossa própria imagem. Agora, destinado a um público mais extenso, Márcio nos brinda com *Amazônia indígena*, uma coletânea de textos que, em certa medida, é a reatualização do anterior, uma espécie de "A expressão amazonense II". Suspeito que terá destino similar.

Com uma erudição de "rato de biblioteca" que ele é, Márcio Souza continua aqui o diálogo iniciado há quarenta anos com a produção científica sobre a Amazônia, reivindicando a centralidade da região, debatendo, polemizando e defendendo o lugar por ela ocupado na história. Transita com desenvoltura por diferentes campos do saber — história, antropologia, filosofia, arqueologia, demografia, economia política — com um enfoque interdisciplinar, que mergulha na filosofia grega e alemã, emerge entre os enciclopedistas, fica de bubuia e deságua na produção da literatura local.

Sua leitura dos grandes pensadores para com eles olhar a Amazônia já seria, por si só, uma contribuição inestimável. Mas o autor vai além. Com os olhos bem abertos para dentro e para fora da região, constrói a sua legitimidade para o debate, à maneira dos cronistas americanos, não apenas a partir da leitura de livros, mas incorporando sua experiência pessoal na leitura da floresta, dos povos da floresta e das cidades erguidas dentro dela nos últimos quatrocentos anos. Seu lugar de enunciação é de um amazonense — muito mais que quatrocentão, um amazonense milenar — que visita as narrativas míticas, os sopros da criação e as histórias do vento que vêm da floresta, do rio e dos povos que aí vivem e navegam.

Na primeira parte, o autor organizou vários textos trazendo para a ribalta, como protagonistas, os povos que viviam na Amazônia antes dos europeus, "os únicos que haviam conquistado o status de uma cultura que falava em todos os níveis a linguagem da Amazônia" e que foram capazes de criar um padrão cultural que deu origem à Cultura da Selva Tropical. Incorporou aqui as principais conclusões da arqueologia e da etnolinguística para dar conta das sociedades de caçadores e de coletores, até a formação dos primeiros agricultores que domesticam plantas e fazem experimentos em sintonia com os ecossistemas. Registrou também as narrativas míticas que se mantêm vivas e que tratam da origem do mundo, do nascimento dos homens, das aventuras de Jurupari e outros heróis civilizadores, assim como as histórias de conteúdo profano, erótico ou cômico, com suas articulações dramáticas e seu encanto sensorial, recolhidas por "tupinólogos" como Stradelli, Barbosa Rodrigues, Couto de Magalhães, Brandão Amorim, Nunes Pereira, Theodor Koch-Grunberg entre outros.

A espada e a cruz surgem na segunda parte, destinada a fazer um balanço do processo colonial: violência, escravidão, catequese, guerras "justas", mas também a resistência dos tupinambá em Belém, dos manau, baniwa, mura e baré e outros povos na área do Forte de São José da Barra, além de centenas de rebeliões, muitas delas listadas pelo pesquisador americano David Sweet. Algumas dessas lutas de um passado recente o autor ouviu pela primeira vez da boca de seu pai Jamacy, um sindicalista combativo que em

1964, punido pela ditadura, foi trabalhar como coletor de rendas em Santo Elias do Airão, onde circulavam histórias de caçadores de índios e de massacres dos baré e dos waimiri-atroari. Chocado com a brutalidade dos embates, Jamacy as recontou em sua casa para os filhos da América e para ela própria, dona América, que sabe escutar. Fez isso em memória dos índios perseguidos e massacrados.

Um tópico ainda insuficientemente estudado pelos pesquisadores é aqui abordado: a caça às bruxas, que Walter Benjamin, em uma de suas crônicas radiofônicas, denominou de "a mais terrível praga desta época, junto com a peste". O pensador alemão reconhece que na Idade Média, na Europa, "da mesma forma como as crianças acreditam em contos de fadas, assim também as pessoas geralmente acreditavam nas bruxas". Ele diz que os filósofos e os teólogos "eram capazes de apresentar provas acerca da existência das bruxas tão sem pé nem cabeça, que hoje não caberiam nem numa redação de aluno de ginásio".

Na Amazônia, os feiticeiros eram índias e índios e a repressão que sofreram nos ajuda a entender o papel das ordens religiosas e sua relação com os saberes produzidos pelas sociedades indígenas, que deviam ser apagados e banidos da região. Márcio Souza trata da Visitação do Santo Ofício no Pará e do terrorismo cultural contra as práticas medicinais locais. Foram quase 500 pessoas direta ou indiretamente punidas pela Inquisição, entre elas índios e negros acusados de curandeirismo, vítimas da intriga, da delação e da intolerância, acusados de heresia e de idolatria. O autor, que nos apresenta alguns casos como o da índia Sabina e do índio Antônio, acusados de feiticeiros, indaga como foi possível classificar de bárbaras culturas que produziram saberes e páginas literárias tão expressivas para a humanidade?

Para discutir a questão, ele retoma o que já havia dito na *Expressão amazonense*. "A Amazônia índia é um anátema: um purgatório onde culturas inteiras se esfacelam no silêncio e no esquecimento. E quando esta entidade heroica e sofredora deixar de existir, será necessário encontrar outro nome para o vale: já não teremos mais Amazônia."

As narrativas indígenas bem como a resistência contra o poder colonial continuam presentes na terceira parte do livro, que não poderia ter sido escrita sem o trabalho realizado pelo grupo de Teatro Experimental do SESC do Amazonas que encenou entre outras peças *A maravilhosa história do sapo Tarô-bequê*, *A paixão de Ajuricaba*, *Dessana Dessana*, *Tem piranha no Pirarucu*, *As folias do látex* e tantas outras encenações.

"Se este mundo nosso acabar, certamente vai aparecer um novo para os deuses se divertirem e o bicho homem fazer besteira" — sinaliza o personagem do pajé tukano, Raimundo Pimentel, em resposta à pergunta de seus netos sobre o fim do mundo. A narrativa do *kümu* tukano está na quarta e última parte — A modernização autoritária —, que traz reflexões sobre a história mais recente, em plena república, com a política de assimilação e de aniquilamento das culturas indígenas, a institucionalização do genocídio e a destruição da floresta. As dificuldades de entendimento intercultural com o estabelecimento de princípios universais de moral, que foram abordadas inicialmente, quando o autor discutiu a relação com o europeu em pleno Renascimento, são recuperadas no final.

Amazônia indígena explicita o desafio da inserção dos índios numa cultura que se globaliza a partir das matrizes dominantes, aborda criticamente o processo histórico e as relações com os estados que venceram através das armas, assim como o impacto e as reflexões dos setores intelectualizados sobre a questão. O gigantismo da natureza do tema, caudaloso como o rio Amazonas, confere ao livro uma organização de hipertexto, isto é, a sua leitura não é simplesmente linear, tem a complexidade de uma rede, na medida em que são estabelecidas relações entre informações remotas, estabelecendo ligações com momentos históricos diferentes e com campos de conhecimento diversos.

Embora não seja um texto poético, *stricto sensu*, o texto tem um certo tom épico. Sua principal contribuição talvez resida no desafio que faz para o leitor ao formular questionamentos e perguntas, incitando-o a fazer suas escolhas, escolhas estas que comprometem o nosso futuro como espécie. Márcio Souza nos adverte aqui que "A Amazônia só estará livre quando reconhecermos definitivamente que essa natureza é a nossa cultura, onde uma árvore derrubada é como uma palavra suprimida e um rio poluído é como uma página censurada".

Introdução

O que podemos dizer de realmente novo a respeito dos índios? Mudou alguma coisa qualitativamente nos últimos anos, ou continuamos no mesmo e inexorável caminho do extermínio? Haverá alguma esperança aos chamados povos primitivos neste instante de triunfo do modelo de globalização econômica e uniformização liofilizada da cultura? Como sempre, é um tema que levanta mais perguntas do que estabelece respostas.

Talvez seja interessante tentar compreender os povos indígenas no contexto das mudanças pelas quais a civilização ocidental passou no que diz respeito à diversidade cultural. Especialmente porque estas mudanças foram provocadas pela revelação da existência dos povos indígenas sob o impacto do processo colonial, transformando o pensamento europeu etnocentrista. O encontro com as outras civilizações obrigou o pensamento ocidental a uma reavaliação de suas disposições ideológicas e até mesmo à construção de um novo dispositivo psicológico, baseado na existência do outro e na observação empírica. O encontro com os povos americanos, até mesmo com a natureza do novo mundo, exigiu novas categorias. Estas exigências ainda estão vigentes e não cessam de provocar rupturas no pensamento ocidental. Os povos indígenas são ameaçadores, da perspectiva do pensamento etnocentrista, não apenas porque estão no caminho do progresso, ocupando terras ricas em minerais ou por impedirem a expansão da frente econômica, mas porque eles desmontaram a velha descrição da cultura como algo exclusivo ao Ocidente e não inerente à natureza humana, o que obrigou a entender a variedade de outros num relativismo bastante vasto do ponto de vista histórico e antropológico.

É evidente que a questão do relativismo já estava presente na concepção de mundo do Renascimento. Era até mesmo um ponto herdado do pensamento latino, que, inspirado pela diversidade cultural e étnica da cidade de Roma, nos tempos clássicos, introduziu a noção da alteridade, ou seja, o estrangeiro, o não pertencente ao clã, o não cidadão romano, desde que não fosse escravo, não era exatamente um bárbaro, mas podia ter reconhecido o seu direito à diferença e os romanos podiam fazer um esforço para compreender o outro em sua especificidade. A epistemologia do relativismo fundamenta-se na chamada *science de l'homme*, bem como na psicologia de Locke e nos esforços metodológicos de Francis Bacon. Mas não era uma questão de fácil assimilação por parte dos europeus. Porque havia o esforço de unicidade do pensamento medieval, ainda bastante forte, que prescrevia uma lei universal, a lei natural, que, acima das diferenças visíveis dos povos, regia toda a humanidade. Iluminado pelas culturas do Mediterrâneo, o princípio da lei natural afastava qualquer ruptura, até mesmo se se confrontassem culturas aparentemente tão díspares, como a de Veneza no século XVI e o califado do norte da África. Roupas, alimentos, leis morais podiam aparentar uma diferença, mas não havia espaço de ambiguidade no que era o fundamental: as duas culturas não praticavam o canibalismo, respeitavam os mais idosos etc.

Mas os tupinambá foram fazer uma visita a Michel de Montaigne.

O que significou a entrada dos povos indígenas nos ensaios de Montaigne? Para além de ser um fato curioso, em que o escritor narra o seu respeito por aqueles representantes de uma civilização aparentemente mais sensata do que a francesa, pois se surpreendiam com a existência da miséria (que os índios desconheciam: na maioria das línguas americanas não há correspondente semântico para esse conceito), o que deixa mais evidente com a passagem dos índios pela vida de Montaigne é a dose de ceticismo que fica.

Como logo afirmaria Montaigne, o fato de alguns povos virarem as costas como saudação ou comerem o cadáver de seus parentes como prova de devoção era suficiente para balançar qualquer crença na existência de algum tipo de lei que tivesse vigência universal.

E a inexistência dessa tal lei universal, que os povos indígenas colocavam em xeque, acabava por se tornar um problema político, porque sacudia o princípio divino das monarquias e isolava o poder da Igreja.

Não foi por mero acaso que os primeiros a se debruçarem sobre o problema, e buscarem uma nova explicação para a diversidade sob uma só lei, foram alguns pensadores da Igreja. Os filósofos da Igreja estavam preocupados, entre outras coisas, com a necessidade de existir alguma forma de controle supracultural que, na impossibilidade de existir uma lei natural comum, pelo menos assegurasse a humanidade contra certas práticas consideradas aberrantes, como o incesto, o canibalismo ou o sacrifício humano.

É claro que a simples aceitação da diferença não era suficiente, nem oferecia mais informações sobre o comportamento dos outros, ou mesmo uma explicação razoável sobre certas práticas. A tendência do pensamento europeu sempre foi de avaliação e menos de entendimento.

Assim, como promover avaliações em casos como os dos ianomâmi, que praticam o endocanibalismo? O que é realmente próprio: os touros soltos pelas ruas de Pamplona, na Espanha; ou a cerimônia de arrancar o coração de um homem vivo realizada pelos astecas? Esta, portanto, era a questão. Aceitava-se sem maiores problemas o relativismo, mas era necessário encontrar parâmetros que fizessem as diferenças inteligíveis.

A princípio, o problema se debatia na esfera da moral. Havia a exigência de uma moral mínima, que fosse universal. Os filósofos e juristas tinham como desafio buscar para o rei ao qual serviam uma nova teoria que lhes desse novas fontes de legitimidade política, ou *dominium*, já que a relativização deixava aberto o campo apenas para duas posturas extremadas: a posição papal absolutista que se firma na pregação de um poder monárquico universal; e a posição dos luteranos e calvinistas que traziam um sabor de revolução ao dar ao poder apenas a legitimidade da graça divina determinada e escolhida por um príncipe de cada vez, ou seja, podia haver reis ilegítimos, abandonados pela graça divina.

Caminhando paralelamente aos filósofos e juristas, apareceram alguns teóricos mais preocupados com as origens e o crescimento das sociedades. Enquanto os filósofos e juristas tentavam retirar a explicação das singularidades do domínio da psicologia de Aristóteles que se fundamentava num suposto estado mental dos escravos, os novos exploradores da ciência moral transitavam pela economia e pelo estágio tecnológico. Em Aristóteles, a psicologia do escravo estava baseada no terror da despersonalização, na banalização do direito sobre o corpo e na concepção de que o escravo era a diferença porque anulação. O escravo não era o bárbaro, porque não seria nunca o outro, embora os bárbaros pudessem mais facilmente se tornar escravos que um cidadão grego. Mas os índios não eram os bárbaros, logo reconheceram os filósofos, nem se prestavam a representar o terror ou a banalização de corpos e personalidades. Por isso, quase ao mesmo tempo que os filósofos encontraram no próprio Aristóteles a opção entre a psicologia do escravo e a psicologia da criança, pensadores como Adam Smith desenvolveram teorias antepondo ao relativismo um progressismo. Por certo que Adam Smith, ao elaborar a sua teoria dos quatro estágios, pensava nas origens da sociedade de mercado, mas logo outros pensadores do século XVIII encontrariam em Smith um atalho para uma teoria progressiva da evolução da moral e da sociedade humana. Os filósofos podiam deslocar os índios do patamar de homem natural, dominado pela psicologia do escravo, incapazes de racionalidade e escolha moral, para o patamar da disposição mental infantil, onde ficavam como temporariamente impossibilitados de criar por si mesmos uma sociedade civilizada, já que atados ao estado de imbecilidade infantil.

Os progressistas podiam agora apontar para as diferenças das sociedades, como um exemplo das igualmente diferenças em termos de crescimento econômico. Os povos indígenas, desse ponto de vista, eram apenas membros de uma cultura que se perdera nos meandros do tempo, congelada no passado por alguma contingência, e que deviam ser conduzidos ao caminho do desenvolvimento pelas sociedades mais avançadas. Os ingleses, é claro, se consideravam os mais adiantados, os paradigmas da evolução humana, e assim tinham o direito de se meter na Índia, na África e América, para ajudar os primitivos a saltar no tempo e encontrar a civilização do vapor, do espartilho e da sífilis. Já os filósofos da Igreja entendiam que, estando os índios na sua infância, era obrigação da caridade cristã elevá-los não em seus próprios direitos mas em nome do *dominium* da Coroa para livrá-los da infantilidade.

Infantilidade e atraso, estes os dois conceitos que foram gerados para tornar visível a diferença e melhor dominar o novo mundo.

Vimos, assim, que os conceitos de civilização e barbárie foram herdados da autocracia escravagista romana. Conceitos elaborados pelos gregos e aperfeiçoados pelos romanos. Bartolomeu de Las Casas, preocupado com o destino dos mexicanos nas mãos dos espanhóis, enunciou a ambiguidade do conceito de barbárie. Ele sabia que para os gregos o bárbaro era um povo que não falava ou falava mal o grego. Las Casas, tomando isso em conta, reconhecia a alteridade dos mexicanos. Os índios eram bárbaros para os conquistadores por não falarem espanhol, mas os conquistadores o eram reciprocamente para os mexicanos. Outro lado da barbárie era a existência de um poder tirânico que subjugava as massas. Mas os mexicanos aceitavam a ordem social com a maior naturalidade. Por último, Las Casas sabia que Aristóteles tinha reduzido os conceitos de tal modo que estes pareciam inerentes à natureza humana, onde a barbárie era o sinal do não humano, ou do pré-humano. Uma redução que servia para o filósofo justificar sua teoria de escravo natural, para legitimar a redução de povos livres e escravos no processo de expansão da Grécia antiga. Mas os mexicanos não pareciam pré-humanos, eram cordatos, gentis, falavam uma língua suave e rica, possuíam ciência e poesia, uma moral estruturada e uma religião. Por tudo isso, Las Casas passou a defender a barbárie como uma ignorância provisória pela qual passariam todos os povos antes de atingirem o cristianismo. O pensamento de Las Casas representava um avanço em relação ao clima de declarada hostilidade aos "bárbaros". A mesma hostilidade que movera a *Pax Romana* contra os povos do norte da Europa e contra o Oriente. Mas sabemos que séculos mais tarde esses "bárbaros" arrasaram Roma e transformaram a civilização. Foram os bárbaros que derrubaram para sempre a sociedade escravagista romana e, aliados a um cristianismo menos judeu, construíram o feudalismo. Não se pode dizer que a Idade Média tenha sido menos monstruosa que os séculos romanos, mas representou um passo significativo na História. Uma mudança perpetrada pela presença de povos considerados primitivos e até então vilipendiados.

No século XVIII, com o conhecimento mais detalhado dos povos americanos, Rousseau, Diderot e os enciclopedistas armaram-se de provas para investir contra a estrutura feudal. A descoberta e o contato com povos que não possuíam propriedade privada e consideravam o ouro um simples calhau, que produziam uma poesia altamente elaborada, deram fundamento para os enciclopedistas iniciarem um novo conceito de sociedade, de moral e de sistema político. Os índios brasileiros que tinham conversado com Montaigne, ainda na época de Carlos IX, e que haviam mostrado horror pelas desigualdades da sociedade francesa, surpreendendo o grande ensaísta, não sabiam que estavam minando uma sociedade e iniciando um processo de subversão que culminaria com a queda da Bastilha e a Declaração dos Direitos do Homem.

Eis por que somente a falácia ou a ignorância podem ainda sustentar os velhos conceitos de civilização e barbárie. A manutenção destes conceitos revela preconceitos de classe e interesses inconfessáveis. É preciso voltar-se para a Amazônia e, reconhecendo a sua agonia, procurar restaurar a sua verdade por um consciente trabalho de solidariedade. Não se pode mais permitir que a região seja considerada uma categoria do exótico, pois isto será uma maneira de evitar que aqueles que a exploram tomem essa exploração também como um desfrute. Um conhecimento mais aprofundado das culturas autóctones derruba por terra as velhas pretensões etnocentristas. Como classificar de bárbaras culturas que produziram páginas literárias como as que estão reunidas por Nunes Pereira em *Moronguetá, um decameron indígena*? Como classificar de primitiva uma civilização que ainda reúne o dionisíaco e o apolíneo numa só força criadora? Entre os índios não há separação entre trabalho manual e intelectual, entre poeta e filósofo, entre vida e ser. Em contrapartida, como outorgar o estatuto de civilização superior a quem fabrica campos de concentração e reduz metade da população da Terra ao estado da inanição?

Quando o general Rondon, descendente de índios ele mesmo, andava pelos sertões contatando os povos arredios do extremo oeste, o pensamento que o movia não era muito diferente daquele gerado pelos filósofos e pensadores do século XVIII. Exceto o pacifismo de Rondon, oriundo de alguma fonte oriental, a ideia de mapear os povos, protegê-los e integrá-los é consuetudinária entre os militares e políticos brasileiros, embora nunca posto em prática.

Mas Rondon era diferente. Embora não tenha deixado uma teoria, ele ia bem mais longe que um simples recenseador. Talvez porque se identificava com os povos indígenas, ele estava bem mais para o discurso histórico porém com um apelo etnológico. Rondon, como muitos indigenistas e até mesmo antropólogos, concebia a questão indígena não exatamente à luz de uma teoria evolucionária da humanidade, mas como uma etnologia comparativa. Ou seja, os povos indígenas não podiam ser entendidos ou explicados como consequência de diferenças psicológicas (psicologia aristotélica) ou estágios da evolução econômica (teoria progressista). Para Rondon, cada povo indígena indicava apenas uma determinada posição, assim como a nossa própria civilização, em que diversas sociedades humanas tinham chegado na escala do tempo.

Infelizmente Rondon era andorinha solitária na sua corporação, e mesmo no Estado brasileiro. Na legislação brasileira, os povos indígenas entraram na categoria da imbecilidade infantil. E na prancheta dos planejadores, como exemplos do passado neolítico. De qualquer modo, a questão do outro se faz presente, é desconfortável, especialmente por deixar vulneráveis nossas próprias estratégias de lidar com a novidade, com o diferente.

É aceitável o princípio de que talvez nem tenha ocorrido um impacto no pensamento europeu, com o descobrimento da América e a entrada em cena dos povos indígenas. O impacto, se de fato ocorreu, foi entre os povos americanos, sobre os quais desabaram os conquistadores e toda uma concepção de mundo que lhes parecia absurda. Na verdade, os intelectuais europeus tiveram dificuldades de receber como nova a novidade da América. Diria mesmo que agiram com bastante teimosia, deliberadamente interpretando de forma equivocada os fragmentos reais do novo mundo que lhes chegavam através de narrativas de viajantes e aventureiros, pedaços de plantas e animais, e criaturas que pareciam humanas.

Os índios, portanto, desde o início deram muito trabalho. Antes de mais nada, foram vítimas da nossa incapacidade de aceitar o novo por si mesmo. Depois, porque a não familiaridade de suas culturas teve que passar pelo crivo de um pensamento que preferia classificar antes de realmente ver.

O trágico disso tudo é que a questão dos índios, bem como a dos chamados povos primitivos, está sob a égide da *auctoritates* ou do *loci communes*. Tanto em uma como na outra, não há a menor chance para eles, e o futuro é sombrio.

É hora de deixarmos tudo bem claro e de meditarmos sobre essa inglória batalha de civilizações, na qual aparentemente a mais forte sempre vence. Nossa cultura, como parte da totalidade, vem enfraquecendo nessa luta. É preciso que extrapolemos o conformismo colonizado por uma maior aproximação com a verdade regional.

A Amazônia é ainda uma das pátrias do mito, onde ainda existe uma unidade entre o pensamento e a vida numa constante interação de estímulos e afirmação. A Amazônia estará livre quando reconhecermos definitivamente que essa natureza é a nossa cultura, onde uma árvore derrubada é como uma palavra suprimida e um rio poluído é como uma página censurada.

Como aceitar povos que não possuem propriedade privada nem moeda nem mercadorias para vender na era do shopping center e do cartão de crédito?

Ó! Aristóteles, até onde vai a tua psicologia?

PARTE 1

A Amazônia antes
dos europeus

1
Os grupos de caçadores, de coletores e a transição para a agricultura

Os escassos sinais de ocupação humana na Amazônia durante o período Pleistoceno ou Holoceno foram encontrados em algumas cavernas, abrigos naturais e sambaquis. É importante observar que os antigos caçadores e coletores da Amazônia não eram exatamente primitivos em termos de tecnologia e estética, mas também pouco lembravam os povos indígenas atuais, que supostamente são seus descendentes.

Os primeiros habitantes da Amazônia formaram uma continuidade de alta sofisticação. Abrangeram desde os paleoindígenas até os pré-ceramistas arcaicos e ceramistas arcaicos avançados, estabelecendo uma vasta e variada rede de sociedades de subsistência sustentadas por economias especializadas em pesca de larga escala e caça intensiva, além de agricultura de amplo espectro, cultivando plantas e também criando animais. A existência de artefatos fabricados por certos povos, encontrados em diversas áreas da região, é prova de que havia um intenso sistema de comércio, de viagens de longa distância e de comunicação.

Na localidade de Abrigo do Sol, no Mato Grosso, ferramentas utilizadas para cavar petróglifos nas cavernas foram datadas entre 10000 e 7000 anos a.C. Outros artefatos de pedra encontrados nos altiplanos das Guianas venezuelanas e na República da Guiana, bem como nas barrancas do rio Tapajós, foram datados, a partir de seus grupos estilísticos, como de um período entre 8000 e 4000 a.C.

A lenta transição da caça e coleta para a agricultura ocupou o período de 4000 a 2000 a.C. Restos de alimentos, de plantas e de animais encontrados em cavernas e abrigos situados na Venezuela e no Brasil foram datados entre 6000 e 2000 a.C., registrando a presença nessas áreas de povos coletores.

Os principais sinais da transição foram localizados nos muitos sambaquis descobertos próximo à boca do Amazonas e no Orenoco, na costa do Suriname, e em certas partes do baixo Amazonas. As camadas mais antigas não continham cerâmica, porém as mais recentes apresentavam um conjunto de formas surpreendentes datadas de aproximadamente 4000 a.C., nos sambaquis da Guiana, e 3000 a.C., nos achados da localidade de Mina, na boca do Amazonas. Esses achados e os exemplares de cerâmica encontrados nos sambaquis da localidade de Taperinha, próximo a Santarém, baixo Amazonas, são evidências de que as culturas amazônicas já cultivavam a arte da cerâmica pelo menos um milênio antes dos povos andinos. Foi por essa mesma época que as pequenas povoações de horticultores começaram a ganhar importância, aos poucos congregando uma população maior, graças aos avanços na tecnologia do cultivo.

Por volta de 3000 a.C. as sociedades de horticultores passam a marcar sua presença na região. O estilo da cerâmica, por exemplo, recebe fortes modificações, agora apresentando formas zoomórficas e motivos de decoração com figuras de animais, utilizando técnicas de pintura e incisão. As figuras de animais são imediatamente reconhecíveis nessas cerâmicas de fortes conotações antropomórficas, associadas com uma cosmogonia que implica abundância de caça, fertilidade humana e poderes do xamã em se relacionar com as forças da natureza corporificadas pelos animais. É claro que pouco se sabe dos ritos antigos, mas lentamente esse passado está vindo à tona com a descoberta de sítios de enterros cerimoniais e restos de aglomerados humanos.

É muito provável que essas sociedades baseassem suas economias na plantação de raízes como a mandioca, que já vinha sendo cultivada desde pelo menos 5000 a.C., conforme provas encontradas no Orenoco. Por isso, as mais recentes teorias sobre a natureza das sociedades humanas de coletores e sua adaptação nos trópicos estão ganhando terreno a cada descoberta de novas evidências arqueológicas, além das provas etnográficas tradicionais.

Eis por que se pode afirmar hoje que a introdução do cultivo da mandioca na várzea, durante o primeiro milênio a.C., foi um fator decisivo, assim como a chegada da cultura do milho na mesma área de cultivo significou um maior excedente de alimentos para a estocagem. Mas a adição da várzea na economia dos povos horticultores, com os depósitos sazonais de fertilizantes naturais, criou um rico suprimento de alimentos, que incluía os peixes, os mamíferos aquáticos e os quelônios.

Os primeiros amazônidas experimentaram um grande desenvolvimento por volta de 2000 a.C., transformando-se em sociedades hierarquizadas, densamente povoadas, que se estendiam por quilômetros ao longo das margens do rio Amazonas. Essas imensas populações, que contavam com milhares de habitantes, deixaram marcas arqueológicas conhecidas como locais de "terra preta indígena". O mais conhecido deles encontra-se nos arredores da cidade de Santarém, Pará, exatamente um dos centros de uma poderosa sociedade de tuxauas, guerreiros que dominaram o rio Tapajós até o final do século XVII, já no período de dominação europeia.

Os tuxauas de Santarém, tais como os tuxauas de Marajó, de Tupinambarana, dos mura, dos munduruku e omagua, com suas cidades de 20 mil a 50 mil habitantes, recebiam tributos de seus súditos e contavam com numerosa força de trabalho, inclusive de escravos. Essa massa trabalhadora construiu enormes complexos defensivos, povoados e locais de culto, além de fazer canais e abrir lagos para viabilizar as comunicações fluviais. A maior estrutura de sítios arqueológicos indicando a existência dessas civilizações antigas pode ser encontrada nos altiplanos da Amazônia boliviana, no médio Orenoco e na ilha de Marajó.

Na ilha de Marajó floresceu uma das mais admiráveis civilizações do grande vale, mas provavelmente já estava extinta ou decadente por ocasião da chegada dos europeus. No entanto, os restos arqueológicos são impressionantes, com 40 sítios descobertos numa superfície de 10 a 15 quilômetros quadrados. Embora poucos sítios tenham sido escavados e as áreas de cemitérios tenham atraído saqueadores em busca das soberbas cerâmicas que serviam de urnas funerárias, os resultados são intrigantes e surpreendentes.

Dentre as escavações da ilha de Marajó, a que mais se destaca é a do monte de Teso dos Bichos. Ali, entre 400 a.C. e 1300 d.C., existiu uma população estimada entre 500 e mil pessoas. Fazia parte de um complexo de povoados pertencentes a uma sociedade de tuxauas, senhores da boca do Amazonas. Essa sociedade apresentava um alto desenvolvimento tecnológico e uma ordem social bem definida. As mulheres se encarregavam dos trabalhos agrícolas, cuidavam do preparo da alimentação e habitavam casas coletivas. Os homens eram responsáveis pela caça, guerra, pelas atividades religiosas e viviam em habitações masculinas próximas ao centro cerimonial, uma plataforma de barro construída na ala oeste. Toda a povoação ocupava cerca de 2,5 hectares.

O estudo dos esqueletos encontrados em Teso dos Bichos mostra que os moradores da ilha guardavam traços físicos muito parecidos com os dos atuais povos indígenas, embora dez centímetros mais altos. As mulheres eram baixas e bem-proporcionadas, e os homens, musculosos, indicando uma dieta rica de proteína animal e comida de origem vegetal. O formato craniano prova que eram amazônidas e não andinos.

Teso dos Bichos deve ter mantido uma concentração humana por dois milênios sem maiores problemas, sem disputas ou superpopulação. Muitos dos hábitos e costumes posteriormente herdados pelos povos indígenas e pelas populações caboclas foram criados e desenvolvidos por essas sociedades antigas. A preferência por certos peixes, como o pirarucu, e o uso de refrescos fermentados, como o aluá, era muito comum entre as gentes de Marajó, ou de Tupinambarana, do Solimões ou do altiplano boliviano. Mas o processo de despopulação, ocorrido com a chegada dos europeus, fez com que os povos indígenas modernos retrocedessem para um tipo de vida anterior ao surgimento dessas economias intensivas, comandadas por poderosos tuxauas.

2
A Amazônia não era um vazio demográfico

Quando os europeus chegaram, no século XVI, a Amazônia era habitada por um conjunto de sociedades hierarquizadas, de alta densidade demográfica, que ocupavam o solo com povoações em escala urbana, possuíam sistema intensivo de produção de ferramentas e cerâmicas, agricultura diversificada, uma cultura de rituais e ideologia vinculadas a um sistema político centralizado e uma sociedade fortemente estratificada. Essas sociedades foram derrotadas pelos conquistadores, e seus remanescentes foram obrigados a buscar a resistência, o isolamento ou a subserviência. O que havia sido construído em pouco menos de 10.000 anos foi aniquilado em menos de 100 anos, soterrado em pouco mais de 250 anos e negado em quase meio milênio de terror e morte.

Foi durante os milênios que antecederam a chegada dos europeus que os povos da Amazônia desenvolveram o padrão cultural denominado de Cultura da Selva Tropical. A Amazônia, como bem indicam os artefatos arqueológicos encontrados na região, nunca foi habitada por outra cultura que não essa. A Cultura da Selva Tropical é um exemplo do sucesso adaptativo das populações amazônicas, assim como o são os Padrões Andino e Caribenho de Cultura em seus respectivos nichos ambientais.

Já tivemos a oportunidade de observar que velhos preconceitos, arraigados num extremo determinismo ambiental, procuraram emprestar à Cultura da Selva Tropical um certo primitivismo, um estágio de barbárie que fixava a Amazônia num patamar abaixo do Padrão Caribenho e muito distante do Padrão Andino. De tal forma esses preconceitos foram disseminados que até mesmo certos autores bem-intencionados acabaram sucumbindo a eles, ao tentar explicar a presença de populações complexas na região como fruto da migração ou influência dos Andes ou do Caribe. Os últimos avanços da arqueologia na Amazônia vêm corroborar a tese de que a Cultura da Selva Tropical foi capaz não apenas de formar sociedades perfeitamente integradas às condições ambientais, como também de estabelecer sociedades complexas e politicamente surpreendentes.

Assim, está provado que, ao chegar, os primeiros europeus encontraram sociedades compostas por comunidades populosas, com mais de mil habitantes, chefiadas por tuxauas com autoridade coercitiva e poder sobre muitos súditos e aldeias; técnicas de guerra sofisticadas; estruturas religiosas hierárquicas e divindades que eram simbolizadas por ídolos e mantidas em templos guardados por sacerdotes responsáveis pelo culto, uma economia com produção de excedente e trabalho baseado num sistema de protoclasses sociais.

Essas sociedades foram registradas nas diversas crônicas e relatos de espanhóis e portugueses que as contataram em suas primeiras viagens ao longo dos grandes rios. Tais sociedades, baseadas na economia do cultivo intensivo de tubérculos, floresceram por volta de 1500 d.C. e, por estarem localizadas nas margens do rio Amazonas e certos afluentes maiores, foram as primeiras a sofrer os efeitos do contato com os europeus, sendo derrotadas pelos arcabuzes, pela escravização, pelo cristianismo e pelas doenças.

Mas a Cultura da Selva Tropical não se apresentava, em termos de evolução qualitativa, como uma coisa uniforme. Os povos da terra firme, os que viviam nas cabeceiras dos rios ou em terras menos férteis, mostravam-se mais modestos em comparação com as nações do rio Amazonas. Havia uma grande diferença entre a grande nação omagua, que dominou durante muitos séculos o rio Solimões, e os nômades e frágeis wai-wai, habitantes dos altiplanos da Guiana, embora ambas as nações partilhassem de uma economia comum, baseada na máxima exploração dos recursos alimentícios dos rios e lagos e, secundariamente, na caça de animais e pássaros da floresta.

Mas o que é a Cultura da Floresta Tropical? Como os níveis de complexidade cultural se estabeleceram de formas muito diferentes entre os povos das margens do Amazonas e aqueles do interior, a Cultura da Floresta Tropical deve ser definida a partir dos elementos comuns mais compartilhados, que são os econômicos. A Cultura da Floresta Tropical é um sistema social baseado na agricultura intensiva de tubérculos, e está tão profundamente vinculada ao cultivo que sua origem quase se torna indistinguível da origem da maioria das plantas cultivadas. Portanto, levando em consideração as afinidades entre os diversos povos, a Cultura da Floresta Tropical é, pode-se dizer, a cultura da mandioca.

A mandioca (*Manihot utilissima*) é um arbusto alto, com folhas longas em forma de palmas, de cor verde-escura, que cresce até mais ou menos 1 ou 1,5 metro de altura. É um gênero exclusivo da América, sendo endêmico entre a Baixa Califórnia e o norte da Argentina.

3
O PASSADO NA MEMÓRIA DOS MITOS

Durante quase todo o século XX os estudiosos consideraram a Amazônia a última fronteira para o estudo da História, porque ali aparentemente ainda era possível encontrar exemplos de povos "sem história", já que as condições e desafios da selva tropical pareciam ter impedido a elaboração de culturas acima do sistema "tribal". A região amazônica seria então um espaço culturalmente marginal, especialmente quando a região era superficialmente comparada com a América Central e o Peru. Este caráter marginal da Amazônia não parecia menos verdadeiro nas diversas histórias nacionais dos países que a compõem, já que a região sempre aparecia num eterno e recorrente estado de descoberta e primeiro contato. Exemplos dessa situação anômala são muitos; como os três volumes de *Intérpretes do Brasil*, comissionados pelo Ministério da Cultura do Brasil para celebrar o V Centenário do Descobrimento, em que não há uma única linha sobre a Amazônia. Outro exemplo é o volume do *Hispanic American Historical Review*, editado em novembro de

2000, sob o tema "Começos brasileiros", onde também a Amazônia é solenemente ignorada. A imensa dificuldade para reconstruir o passado dos povos da Amazônia não significa que se trata de uma terra onde a História foi inaugurada com a chegada dos europeus. Do ponto de vista epistemológico, as dificuldades da historiografia amazônica são exatamente iguais às de quaisquer outras áreas do planeta, mas o forte tropismo da historiografia ocidental e suas regras centradas no documento escrito só recentemente passaram a ser contestados, permitindo que um conjunto soterrado de material pudesse ser apreciado como fonte primária.

Superando a falsa contraposição entre história e antropologia, um número expressivo de estudos de história nativa da Amazônia vem aparecendo nos últimos anos, a despeito do pouco desenvolvimento das pesquisas na região. Inicialmente alinhados sob a rubrica de etno-história, o que dificultava o reconhecimento da realidade histórica dos povos indígenas, aos poucos o passado histórico das sociedades tribais foi sendo revelado em trabalhos que escapavam da pura tradição etnográfica eurocentrista. Ensaios históricos como os de John Hemming, *Red Gold* (1978) e *Amazon Frontier* (1988), que reconhecem a historicidade dos povos indígenas da Amazônia, ou posturas mais radicais que debateram as relações da história indígena e a historiografia ocidental (Taussig, 1980, 1987), acabaram por trazer ao primeiro plano a questão do mito (ou seja, a narração indígena de coisas do passado) e história (narrativa do passado que segue regras historiográficas), tomando o mito para além de sua usual utilização nas análises estruturais e sincrônicas e considerá-lo plenamente histórico.

A impressão deixada pelos viajantes espanhóis, começando por Francisco Orellana e passando por Pedro de Ursua, Francisco Pizarro, Pedro Teixeira e o Padre Samuel Fritz, é de que as margens do Amazonas e outros grandes rios estavam densamente povoadas. Mesmo descontando os exageros e idiossincrasias dos narradores coloniais, todos eles e num espaço de dois séculos foram unânimes em registrar as aldeias e vilas densamente povoadas. "Todo esse mundo novo (...)", registrou Frei Gaspar de Carvajal, "é habitado por bárbaros em províncias e nações distintas. (...) Há mais de cento e cinquenta delas, cada uma com línguas diferentes, tão imensas e muito populosas quanto qualquer outra que vimos em toda a nossa rota." Cristóbal de Acuña, um século depois de Carvajal, diz que as terras de dentro são igualmente tão populosas que "se atirarmos uma agulha para cima, ela irá cair fatalmente na cabeça de um índio". Enfim, a Amazônia estava ocupada por grupos tribais de diversos padrões e diferentes origens antes da chegada dos europeus.

Assim, os mitos e lendas dos atuais povos indígenas ainda guardam certas lembranças de um passado que se perdeu na voragem da conquista. As rotas comerciais que ligavam a selva amazônica às grandes civilizações andinas ainda continuam traçadas nas entranhas da mata virgem, reconhecidas apenas pelo olhar dos que sabem distinguir antigas veredas dissimuladas pelas folhagens. É por essas rotas que um índio tukano do norte amazônico pode visitar seus parentes do sudoeste, seguindo o mesmo curso que levava produtos da floresta ao Cusco e de lá trazia artefatos de ouro, tecidos e pontas de flecha de bronze.

Feitos heroicos dos tempos que se perdem nas brumas ressoam em épicos como a saga do tuxaua Buoopé, marco central da literatura oral dos índios tariana, em que a conquista do norte amazônico pelos aruaque está fielmente descrita, como a mostrar que, assim como as culturas já haviam atingido alturas, os dramas humanos mais intensos, como as guerras, as paixões e a aventura, aqui já se desenrolavam como em qualquer outra parte da terra onde a humanidade escolheu para encenar seu drama.

Em 1970, frente às ameaças de desagregação social e extinção, o chefe Simeon Giménez, da etnia ye'kuana, explicou como o seu povo elaborava o senso de historicidade:

"Meu povo, os ye'kuana, acredita que o mundo social está em constante mudança e cai naturalmente na desordem e na decomposição. Mudanças inevitavelmente ocorrem e danificam as coisas, produzem dor, angústia e desespero, mas nunca perdemos a esperança na renovação, pois quando a desordem finalmente termina um dos ciclos de mudanças, anuncia o começo de um tempo renovado num mundo renascido. Assim a História é o resultado de muitos ciclos de vida que surgem, mudam, entram em decadência e se destroem para voltarem a renascer. Esta sabedoria nos foi transmitida por nossos ancestrais e reflete lições aprendidas porque vividas muito perto da natureza; pode-se dizer que os povos da

Amazônia sempre souberam que o mundo está mudando e que cada ciclo exige respostas adequadas às contingências do momento."

O massacre contra os ianomâmi, perpetrado em 1993 por garimpeiros brasileiros, deixou claro aos ye'kuana que as reservas não lhes davam nenhuma garantia, mesmo quando oficialmente criadas pelos governos nacionais. Aliás, as sociedades nacionais, tanto venezuelanas quanto brasileiras, não mereciam confiança. Habitantes de um território vizinho ao Parque Nacional Yabarana, os ye'kuana viram o governo venezuelano emitir concessões para a exploração de ouro no parque e uma crescente hostilidade aos povos indígenas por parte da burocracia do estado Amazonas, na Venezuela. Mas todas as mudanças estão perfeitamente explicadas na cosmologia e repertório mítico. As histórias orais das etnias amazônicas registraram os conflitantes eventos por elas experimentados desde o primeiro contato, incluindo as relações comerciais, a chegada dos missionários e a evangelização, a interação com viajantes e cientistas. A cada uma dessas instâncias as etnias construíram estratégias e comportamentos, como a retirada para outra parte do território, a separação de aldeias, a alteração temporária de suas estruturas sociais e as táticas de resistência armada. Com isso não apenas resistiram às pressões, mas de maneira prática evitaram a quebra cultural e combinaram os recursos mitológicos e a consciência histórica. Eis a chave da sobrevivência frente aos invasores: coerência histórica. Para sociedades sem história, trata-se de um feito sem igual.

A questão que se levanta é que os processos culturais das etnias amazônicas desafiam alguns dos mais importantes conceitos da civilização ocidental, como o conceito de tempo/história e o conceito de espaço/lugar. Como as etnias resistem à imposição desses conceitos ocidentais, contestando a forma de interpretar o passado e até mesmo as formas de representações espaciais, como a elaboração de mapas, as representações externadas pelos povos amazônicos não são digeridas pela civilização ocidental a não ser como expressões do imaginário e da fantasia. Tanto a interpretação do passado quanto a feitura de mapas são formas de hierarquizar o tempo e o espaço. Mas, enquanto a civilização ocidental interpreta o passado e se apropria do espaço pela historiografia e a cartografia, as etnias amazônicas codificam suas relações sociopolíticas na própria representação do espaço, ou seja, espaço e tempo se inscrevem na natureza numa única forma de conhecimento histórico. Desse modo, não apenas as narrativas míticas iluminam o passado, mas também os acidentes geográficos, que funcionam como os documentos tão caros à historiografia ocidental. A curva de um rio, a floração de uma árvore, tanto quanto o episódio de uma narrativa são sinais que relembram o passado.

A partir de meados do século XIX os historiadores se dedicaram a capturar a experiência dos oprimidos, daqueles não articulados, num esforço para corrigir a velha miopia provocada pelo foco excessivo nos poderosos e pela tentação do etnocentrismo. E este esforço, deve-se dizer, não significa um mero revisionismo histórico ou a busca por justiça, ou por satisfazer agendas políticas. O exame de circunstâncias vividas pelas grandes massas, a história perdida das gentes comuns, o estudo das formas de pensar e agir das multidões tornou-se essencial para preencher os vácuos causados pelas generalizações. Para tanto os historiadores foram obrigados a superar dois preconceitos. O primeiro dizia que não havia fontes confiáveis para estudar as "classes baixas" ou as "regiões sem história". O segundo preconceito dizia que os oprimidos, por serem incapazes de agir pela razão e ao se deixarem dominar pelas paixões, não se prestavam para a análise e se mostravam desprezíveis em todos os contextos. Só os ricos e bem-educados agiam pela razão, motivo pelo qual estavam aptos a tomar as decisões por toda a sociedade. A revelação de que os povos sem história e as massas inconscientes eram capazes de articulação e participação no processo histórico, de exercer influência tanto quanto as classes dirigentes e os economicamente poderosos, levou historiadores como E.J. Hobsbawm, E.P. Thompson e George Rudé a reconceitualizar o comportamento das chamadas classe baixas, e dos povos periféricos, levando a sério suas ações como atos políticos e ideológicos. E, ao integrarem as ações até então marginalizadas dos povos e classes sociais marginalizadas ao processo geral da História, trouxeram para o centro da análise histórica o que eram irracionalidade, superstição e emoção espontânea. Aliás, estas categorias também jogavam na historiografia tradicional, mas estavam disfarçadas como obra do acaso ou atos fortuitos, sancionados pelos documentos escritos.

Assim, esta maneira de encarar o processo histórico como ação coletiva mergulha no individual, porque a vida real é vivida por todos, por reis e plebeus, gênios ou medíocres, heróis ou gente comum. Cada uma dessas individualidades viveu o seu dia a dia com os recursos disponíveis, com sabedoria e algum senso de humor. Na Amazônia como em outros lugares as pessoas lidaram com os fatos e as circunstâncias sociais de forma criativa, jamais com passividade. Como muitas pessoas que viveram neste mundo, a despeito de sua etnia, classe social e educação formal, os povos indígenas aprenderam através da experiência e, mesmo mergulhados na terrível tragédia do choque colonial, pouco a pouco foram desenvolvendo formas de sobreviver e resistir. É claro que nem todos conseguiram seus objetivos e desapareceram. E enquanto este choque perdurar, seja qual for o prognóstico ou resultado, os dominadores jamais dominarão completamente. Ajuricaba enfrentou os portugueses e pereceu, levando seu povo à extinção. Mas seus parentes tariana e baniwa estão aí para contar a história.

4
O LEGADO ECONÔMICO DO PASSADO. OS SOPROS DA CRIAÇÃO

Um jovem índio mehinaku disse certa vez que um mito é como um sonho sonhado por muitos e contado por bastante gente. E, como os sonhos são sublimações de acontecimentos reais, não é de estranhar, portanto, que o olhar de um índio sobre a floresta seja diverso do olhar de um estrangeiro, tal como a percepção que eles têm de seu passado e do uso de conhecimentos acumulados em milênios de experiência empírica seja algo mais que um conjunto de práticas primitivas e bárbaras.

Sem a utilização da roda ou animais de tração, os povos indígenas descobriram e domesticaram mais da metade dos sete grãos alimentícios correntemente comercializados no mundo de hoje, além de parte substancial dos produtos agrícolas das prateleiras dos supermercados. É o milho, a batata-doce, a macaxeira, o tomate, o amendoim, a pimenta, o chocolate, a baunilha, o abacaxi, o mamão, o maracujá e o abacate.

Para se ter uma ideia da contribuição dos povos indígenas para a agricultura atual, basta imaginar como seria a nossa vida se apenas contássemos com espécimes nativas do hemisfério norte. Teríamos basicamente uma oferta de alcachofra, sementes de girassol, avelã, nozes e groselha. Ou seja, a utilização dos recursos vegetais dos índios da floresta tropical fez com que a agricultura moderna fosse mais diversificada e de alta produtividade. Os Estados Unidos, por exemplo, escaparam de ser um país de groselhas para se transformar numa potência agrícola incomparável. Somente o mercado mundial do milho rende mais de US$ 12 bilhões anuais.

Outro segmento da economia moderna que muito tem lucrado com as milenares descobertas indígenas é a indústria farmacêutica. Nas últimas décadas, algumas dezenas de pesquisadores intitulados de etnobotânicos buscaram conhecer os segredos dos velhos pajés e encontraram indícios de que substâncias extraídas de plantas da floresta podiam curar ou controlar certas doenças. A comercialização de substâncias extraídas de plantas tropicais excede a US$ 6 bilhões por ano, apenas nos Estados Unidos, mas nenhum centavo é revertido em benefício dos povos indígenas que originalmente possuíam o conhecimento.

Eis por que, ao dissipar as brumas ainda densas de um passado perdido, com o reconhecimento cada vez maior das conquistas culturais e econômicas das antigas civilizações que povoaram a região antes dos europeus, não apenas ficará estabelecido um traço de união entre a selva e nossos supermercados e farmácias, mas estará sendo dada a verdadeira razão para a valorização dos recursos naturais da Amazônia e o direito histórico de suas populações usufruírem dessas riquezas.

Quando um pai tariana quer que seu filho seja uma pessoa importante, ele o apresenta à natureza para que esta o respeite. O pajé leva em êxtase o iniciado até o Lago de Leite para ali escolher o nome da criança. O pajé sopra para o fortalecimento do coração, pois quando se inicia uma vida é preciso dar a ela a força da natureza. Cada pedra, cada rio, cada lago, cada árvore são invocados pelo pajé que os apresenta ao iniciado, antes de embarcar no trovão Pa'wawiseri, que é como um peixe, e começar a viagem até o fim do Lago de Leite. Quando finalmente chegam à Casa do Porto de Abiu, o pajé começa a ensinar ao iniciado como usar os animais, as plantas, dando o nome de cada coisa, toda a sua genealogia, desde o avô mais antigo. Andam de porto em porto e o pajé faz muitos sopros, muitos. Para que o corpo da criança fique duro e nenhuma flecha o atinja ou pancada o derrube, o pajé sopra invocando Behtipeke, a "mãe das peneiras", e todas as peneiras existentes, e bota a criança dentro dessas peneiras todas. Por causa disso uma flecha não penetra no corpo do iniciado, pois agora é como se o pajé segurasse sempre essas peneiras na frente do corpo do iniciado, protegendo de toda ameaça de flecha. Mas também tem que aprender a não ficar de barriga cheia e bêbado nas festas, porque se o iniciado estiver puxando o canto e a dança ele não vai poder estar saindo a toda hora para defecar, urinar ou vomitar. Daí o pajé faz um sopro e esconde o iniciado dentro de ossos de animais, de pássaros, porque os ossos têm buracos e assim não sente a comida e pode comer e beber muito nos dabacuris. Para não se embebedar, o pajé faz um sopro que esconde o iniciado numa pedra e assim ele não se ressente do muito caxiri que vai beber. O pajé faz muitos sopros, muitos. Ele pega o iniciado e sopra invocando a penugem dos pássaros, assim estancando o sangue que escorre de uma ferida grande. E para fechar e sarar esse ferimento, o pajé sopra e esconde o iniciado nas penugens dos gaviões até que a ferida cicatrize completamente. Nas festas o iniciado pode querer ser o mais notado, aquele que as mulheres acham o mais simpático. Para isso o pajé tem de soprar e esconder as pessoas entre os passarinhos, entre os rouxinóis de cabeça vermelha, entre os japiins pretos e vermelhos, entre os galos-da-serra, para que numa festa todos os olhos se voltem para o iniciado e as mulheres queiram deitar com ele na maquira mais próxima. Se for o caso de o iniciado ser temido e respeitado pelos outros, inclusive pela sua própria mulher, o pajé faz o sopro esconder o iniciado no corpo de um curupira, atemorizando a todos.

Assim é que os tariana se protegiam e seu pajé sabia como curar e vencer as doenças e dissabores, prevenindo desde o nascimento das crianças. Para proteger uma pessoa das doenças, ou evitando que esta seja atacada por um pajé inimigo, o pajé encanta a pessoa no oco de um tronco de madeira bem dura enquanto invoca os espíritos de todas as madeiras que servem para construir os esteios, as travessas e as vigas de uma casa. A pessoa fica protegida, escondida dentro da madeira, sem sofrer nada. Da mesma forma o pajé trabalha para evitar que os tariana sofram da doença do azar na caça ou no amor. Quando uma pessoa vê um animal morto, uma cobra morta, um espírito do mato, um bicho que geralmente nunca aparece ou uma coisa que apareça de repente, o pajé sabe que isto é sinal de que alguma coisa ruim está para acontecer, que é mau agouro. Para evitar isso, o pajé através do sopro esconde a pessoa que viu o animal morto, por exemplo, atrás de um biombo e a coloca debaixo do céu, na luz intensa do sol, de tal forma que nenhum olho pode suportar e enxergar qualquer coisa. Depois, ele invoca o calango do rio, que tem as cores preta, branca, vermelha e verde, rabo curto, e o esconde para que também não veja nada, pois o calango é capaz de ver tudo e de trás para a frente.

Cada sopro do pajé é como o hálito da primeira madrugada dos tempos. As palavras do pajé, seu canto entre a fumaça também são coisas que chegam dos tempos antigos. Ele, o pajé, só sabe falar de igarapé, de rio. Antigamente os velhos comiam o verme *rekauri*, só comiam isso. Os vermes davam forças para o corpo e os velhos demoravam a morrer. Também não bebiam outra coisa que *a' hôko*, que é caxiri de beiju, e por isso eles viviam bem, pelo espírito, cheios de saúde. E todos se respeitavam, o marido respeitava a mulher, a mãe respeitava o filho e não se dizia nada que ofendesse, porque os antigos sabiam que a natureza é muito frágil e há certos lugares em que a vegetação morreu só porque ali esteve gente dizendo coisas ruins. Muita coisa só funcionava nos tempos antigos, mas a interdição de falar coisas ruins continua. Os tariana não abrem a boca para dizer maldade, porque não querem queimar a vegetação. Pena que ela anda queimando muito, mesmo sem ouvir as palavras ruins. Antigamente era tudo muito diferente e os tariana só faziam as coisas de que precisavam. Quando os tariana completavam 15 anos, eles começavam a enfeitar o corpo e a procurar mulher. Faziam muitas festas de caxiri e os velhos vinham dançar com eles. Todos muito enfeitados, dançando no meio da maloca, cobertos de penas. O pai avisava que o filho estava pronto para casar. Depois da festa, ele começava a explicar ao filho as coisas do mundo. Quando o jovem aprendia tudo e já sabia caçar, pescar, trabalhar, então ele procurava uma mulher para ele. E o pajé tinha sopro para todas essas coisas.

Mas os pajés não têm sopro para tudo.

PARTE 2

O processo colonial

1
Encontros brutais

Um processo civilizatório prodigioso, destrutivo, brutal. Uma espantosa façanha em que grupos pequenos de aventureiros europeus dominaram povos inteiros. Saquearam enormes riquezas e exterminaram culturas florescentes. A expansão ibérica é um dos grandes mistérios da história contemporânea, e o Brasil é produto deste mistério. E como era da tradição do Ocidente, a história da conquista foi contada como uma crônica de maravilhas, um repositório de surpresas e um livro negro de horrores. Mas, ao contrário do fabulário medieval, essas novíssimas lonjuras tinham a singularidade de seus habitantes, sociedades que pareciam ainda no Éden e ao mesmo tempo no mais desvairado sonho sensualista.

Muitos graves autores, antigos e modernos — escreveu Simão de Vasconcelos em *Notícias antecedentes, curiosas e necessárias das coisas do Brasil* (1663) —, tiveram para si que Deus Nosso Senhor fundou aqui mesmo na terra o Paraíso pelas partes

> da linha equinocial para o meio da zona tórrida, debaixo dela, e junto a ela, ou dela para o sul, que todos têm a mesma dificuldade, e todos se tornam a favor de nosso intento. Arastothenes, Polibio, Ptolomeu, Avicena e não poucos teólogos dentre os quais o maior é Santo Tomás a fazer menção (...) tiveram para si que abaixo do equinócio para o meio da zona tórrida criou Deus Nosso Senhor o Paraíso terrestre por ser esta a parte da terra mais temperada, amena e deleitosa de todo o universo. (...) Como prova o padre Lucena na *Vida de São Francisco Xavier,* livro 3, capítulo 10, e disso se pode ver, que por certo o Paraíso está para o norte da equinocial, averiguando que não está na parte que corresponde à África, ou à Ásia, é necessário que diga que está na América...

Projetar as maravilhas para as margens do mundo sempre foi uma virtude do Ocidente. Se na Alta Idade Média era comum assinalar os prodígios e as maravilhas no passado, a partir de um certo momento, antecedendo o Renascimento, as projeções desviaram o foco para as extremidades da Terra, para territórios que a distância por si só já lhes conferia ar de assombro. Isto não apenas acontecia em obras de ficção, romance ou poema, mas em detalhadas narrativas de viagens. Para a população do mundo cristão, o depoimento dos viajantes, peregrinos e aventureiros, especialmente após a VI Cruzada, com a narrativa de Roberto de Clari ao descrever a corte do Grande Khan, ampliava a visão paroquial e limitada da Europa feudal, mergulhada em superstições e uma rígida liturgia. Assim, por volta de 1250, o Oriente se torna o grande repositório de maravilhas e aberrações, inundando a ingênua imaginação medieval com histórias de autômatos bizantinos, pavões mecânicos de ouro e a árvore de prata que derramava bebidas exóticas ao toque de clarim de um anjo de ferro. Mas não se deve estranhar que os europeus se deixassem maravilhar com as coisas do Oriente, porque até mesmo seus mais sofisticados feitos tecnológicos, como os relógios hidráulicos, empalideciam perante os similares muçulmanos. O cisterciense francês Villard de Honnecourt, depois de uma difícil jornada pelo Oriente Próximo, descreve, entre outras curiosidades, um anjo de metal que girava automaticamente para seguir a trajetória do sol. As descrições de Honnecourt são bastante cruas e denotavam um desconhecimento total de mecânica, mas serviam para alimentar cortesãos letrados e clero cada vez mais ávido de novidades. Mas se a maioria dos europeus facilmente sucumbia perante os prodígios do Oriente, outros tomavam essas narrativas como possíveis modelos a serem estudados, imitados e desenvolvidos. Um deles foi Francis Bacon, que em 1260 escreve a *Epístola de secretis operibu artis et naturae*, em que incorpora o vasto material de coisas maravilhosas do Oriente numa espécie de programa sistemático para o avanço do conhecimento. Bacon estava seguro de sua proposta, porque estudara a fundo o *Secretum secretorum*, um compêndio árabe de política, medicina e magia, supostamente preparado por Aristóteles para ajudar Alexandre, o Grande, a dominar o mundo. Bacon, desejando dominar os poderes secretos e desvendar os mecanismos dos prodígios, acabou por desenvolver uma noção que ele chamou de ciência experimental (*scientia experimentalis*). O velho mundo oriental, distante, fantasioso e imensamente rico, de um lado, pragmático e, de outro, místico, exerceu através dos relatos uma enorme influência no novo mundo europeu, um novo mundo de uma Europa que despertava do sono piedoso da Idade Média. O terreno para o Renascimento estava semeado, restava agora que o homem, ao se tornar a medida de todas as coisas, encontrasse também seus antípodas, novos exemplares de humanidade e arremedos do mundo natural. No alvorecer do século XVI, uma geografia inteira se agrega ao campo da experiência humana.

As novas margens do Ocidente tocavam finalmente os trópicos, e um encontro histórico de enormes proporções tinha início. E, como os encontros históricos só ocorrem coletivamente quando se tornam registro documental, porque na realidade são a soma dos encontros entre pessoas, do relacionamento intersubjetivo, dos julgamentos que começam das linhas dos rostos e terminam na pele, o grande encontro histórico do mundo europeu com o mundo do índio foi antes de tudo um ritual de reconhecimento entre duas psicologias com a capacidade de gerar fortes emoções.

Nas praias do Brasil e nas calhas dos rios Amazonas e Prata iriam ocorrer, entre 1530 e 1590, por diversas vezes, esses processos ritualísticos de reconhecimento. Infelizmente, esses encontros tinham seus roteiros escritos pela Contrarreforma e pelo Tribalismo de Chefia. Mas a natureza humana muitas vezes superou esses cânones e derrubou todas as barreiras de separação para construir uma exígua passagem capaz de deixar fluir os ares de dois mundos radicalmente distintos. Sim, porque entre o mundo do português e o mundo do índio só era possível a construção de uma tênue ponte, quer esta se chamasse admiração, curiosidade e, por que não, amizade. Durante a fase da conquista e da penetração, o relato pessoal e surpreendido dos viajantes desempenhou na cultura o papel que o garimpo pesquisador da selva representou para a economia dos colonizadores. Foram esses relatos que serviram, posteriormente, em grande parte, na orientação, classificação e interpretação do novo território como literatura e ciência; foram eles, perscrutadores do fantástico e do maravilhoso, que permitiram o conhecimento das coisas visíveis e invisíveis, guiando uma futura expressão de representar o enigma americano numa peculiar escritura. O Brasil abria-se aos olhos do Ocidente com seus rios enormes como dantes nunca vistos e a selva pela primeira vez deixando-se envolver. Uma visão de deslumbrados que não esperavam conhecer tantas novidades.

As narrativas dos primeiros viajantes imitaram essa perplexidade e, como representação — quer fossem uma lição ou necessidade —, ofereciam ao mundo uma nova cosmogonia: dramaturgia de novas vidas ou espelho de novas possibilidades, tal era o espírito de todas elas, enunciando e formulando o direito de conquistar dos desbravadores portugueses.

É importante que nos detenhamos neste choque da história para notarmos como os povos indígenas do Brasil, força participante do mistério da América, passam a ser o teatro da aventura colonizadora na primeira e decisiva subjugação. É o momento em que o território colonial vai ter seu universo pluricultural e mítico devassado e destruído, desmontado pela catequese e pela violência e lançado na contradição. Durante a colonização, e ainda nos primeiros anos da independência, como era pensado o território colonial? Como os relatores organizaram a figura da nova terra? E se é verdade que as coisas reveladas possuíam um valor além do relatório, como é possível, pelo menos, estabelecer a forma segundo a qual esses escritos constituíram uma primeira demonstração de expressão tipicamente americana lançada na contradição?

A gama de observações nesses relatórios é curiosamente ingênua. Nos primeiros relatos portugueses há muitas noções que no simples plano da cultura europeia são filtradas de forma anacrônica pelos observadores religiosos com forte acento medievalista. Eram homens mergulhados na mística salvacionista da Contrarreforma e procuraram sempre reforçar suas próprias convicções, limitando o visível da terra observada e ampliando os seus mistérios. O Brasil inaugura-se para o Ocidente numa linguagem que se furta inteiramente e que prefere a alternativa de uma convenção quase sempre arbitrária.

É certo que a revelação da nova terra havia sido um verdadeiro impacto para os portugueses. Uma colisão cultural, racial, social, que, como em épocas passadas do mundo clássico, provocou as mesmas contradições que se repetiram ao longo do caminho da empresa desbravadora. Os portugueses não haviam experimentado, além do contato com a tradicionalíssima cultura do Oriente, um conflito de tamanha proporção como o que se operou no Brasil. E se nas áreas litorâneas este conflito foi sumariamente esmagado, na Amazônia ele tornou-se crônico. Milênios de uma cultura formada no trato da selva chuvosa dos trópicos separaram os povos indígenas dos europeus. Por isso, o contato jamais seria pacífico, e uma coexistência bem-sucedida se tornaria impraticável em terras brasileiras. E o fato de as culturas indígenas transitarem satisfatoriamente pelas terras tropicais, obrigando o branco europeu a acatá-las em seus métodos de sobrevivência e trato com a realidade, já era um ultraje inconsciente para o cristão civilizado. Nenhum dos relatos esboça qualquer referência quanto a esta supremacia cultural do índio. Somente um ponto era comum entre o índio e o branco, a violência com que atacavam ou se defendiam. Por isso, as culturas indígenas deveriam ser erradicadas, e os povos de Pindorama, destribalizados e postos a serviço da empresa colonial.

As crônicas dos primeiros viajantes são de uma escrupulosa sobriedade em relação ao sofrimento dos índios. Por esses escritos instala-se a incapacidade de reconhecer o índio em sua alteridade. Nega-se ao índio, para sempre, o direito de ser índio. O selvagem vai pagar um alto preço pela sua participação na Comunhão dos Santos. E com o sequestro da alteridade do índio, estará sequestrada também a alma do novo mundo.

Lancemos um olhar pelos 3.054 versos do padre Anchieta no poema "De Gestis Mendi de Saa" (1560), e o que vemos é um discurso bélico para a ação da conquista. O mundo que Anchieta transforma em escritura é um mundo que se abre em suas surpresas para pôr em prova a aventura missionária. É uma paisagem que não contém apenas novidades surpreendentes, coisas portentosas, bizarras alimárias, mas também, e sobretudo, esta limitação que não ultrapassa a nomeação primeira. Nas paragens luxuriantes do litoral brasileiro, enfrentando a dura resistência dos índios, a paisagem não é senão paisagem para o destino maior do cristianismo sobre a terra. Desse ascetismo retórico a um passo para o exercício de tapar os ouvidos aos gritos dos exterminados e escravizados. Afinal, em "De Gestis Mendi de Saa", o padre Anchieta já havia reduzido o índio à categoria de bestas ferozes:

> Alçava-se mais e mais a coragem do chefe e de seus bravos: derrubam a golpes mortais, muitos selvagens. Ora decepam braços adornados de penas de pássaros, ora abatem com suas reluzentes espadas as altivas cabeças, rostos e bocas pintadas de vermelho de urucum (...). Perto do mar ressoa o estrondo vibrante, enfurece horrendo na praia o soldado matando e enterrando vitorioso na areia corpos aos montes e almas no inferno (...). Meus triunfadores, disse o chefe (...). Ou exterminamos de uma vez por todas esta raça felina com a ajuda de Deus, ou nos sepultaremos gloriosamente na areia

(...). Se seus soldados fossem mais crentes, mais viris seus braços. Se nos peitos lhes fervesse um sangue mais quente, esse dia de ruína chegaria para esses selvagens, lançando-os nas sombras do inferno (...) cento e sessenta aldeias incendiadas, mil casas arruinadas pelas chamas devoradoras, assolados os campos com suas riquezas, todos foram passados a fio de espada...

Esta exposição pública da natureza aberrante do índio e da necessidade de seu extermínio, vinda de uma tradição medieval já identificada, é dificilmente representável no século XVI, fora da conveniência de mascarar o real. O escárnio do índio como ente primitivo e bárbaro instaura-se na moldura da paisagem paradisíaca. Quando a aventura espiritual passa a se exercitar como um plano de saque e escravização, não veremos surgir um Bartolomeu de Las Casas português que grite contra o genocídio como prática constante dos colonizadores, posição que muito honra o pensamento espanhol. Veremos, sem dúvida, debates escolásticos sobre a natureza humana do índio. E quando acontece um desentendimento sério entre o destino terreno e a preparação do índio para o céu, o índio será apenas transferido da zoologia fantástica para um capítulo do direito canônico. Em todo caso, será negada sempre a sua alternativa como cultura.

Os índios, é claro, não se deixavam facilmente iludir. Apesar da quase inexistência de documentos que registrem a opinião dos naturais da terra, alguma coisa ficou, como as impressionantes palavras do chefe tupinambá de Pernambuco, Momboré-Uaçú, conforme nos relata Claude d'Abbeville, em *História da missão dos padres capuchinhos na ilha do Maranhão e terras circunvizinhas*, de 1614:

> (...) Vi a chegada dos peró (portugueses) em Pernambuco e Potiú; e começaram eles como vocês os franceses fazem agora. No começo os peró não faziam mais que andar sem pretender fixar residência. Nessa época dormiam livremente com as moças, o que nossos confrades de Pernambuco acreditavam ser alguma coisa de muito honrado. Mais tarde disseram que deveríamos nos acostumar com eles e que precisavam construir fortalezas para se defenderem e edificar cidades para viver com a gente. E assim parecia que desejavam que construíssemos uma só nação. Depois, começaram a dizer que não mais podiam ficar com as moças, assim sem mais nem menos, que Deus somente permitia que as possuíssem depois do casamento e que eles não podiam casar sem que elas fossem batizadas (...) Mais tarde afirmaram que não podiam viver sem escravos que os servissem e para eles trabalhassem, e assim forçaram para que os nossos os oferecessem. Mas, não satisfeitos com os escravos capturados na guerra, eles também quiseram os filhos dos nossos e acabaram escravizando toda a nação, e com tal tirania e crueldade os trataram que os que ficaram livres foram, como nós, forçados a deixar nossa terra (...)

Infelizmente o índio nunca terá voz, mas um relato filosófico coerente será engendrado, baseado na mais escrupulosa das observações na tradição de José de Acosta em sua *História natural e moral das Índias*. O que abria espaço para uma certa piedade para com aqueles bárbaros, como bem podemos notar através do mais progressista dos cronistas portugueses, o jesuíta João Daniel (1776), em *Tesouro descoberto no rio Amazonas*. João Daniel, vítima da perseguição pombalina, morrerá na prisão por representar uma corrente de pensamento mais próxima do Renascimento, mais humanista que os zelos legalistas dos preadores:

> (...) só desde o ano de 1615 até 1652, como refere o mesmo Padre Vieira, tinham morto os portugueses com morte violenta para cima de dois milhões de índios, fora, os que cada um chacinava às escondidas. Deste cômputo se pode inferir quão inumeráveis eram os índios, quão numerosas as suas povoações, e quão juntas as suas aldeas, de que agora apenas se acham as relíquias. E se os curiosos leitores perguntam: como se matavam tão livremente, e com tal excesso os índios? podem ver a resposta nos autores que falam nesta matéria. Eu só direi que havia tanta facilidade nos brancos em matar índios, como em matar mosquitos, com a circunstância de que estavam em tal desamparo e consternação os tapuias, que tudo tinham contra si, de sorte que, chegando os brancos a alguma sua povoação, faziam deles

quanto queriam; e se eles estimulados o matavam, era já caso de arrancamento, e bastante para se mandar logo contra eles uma escolta, que a ferro e fogo tudo consumia (...)

Contra aquele mundo anterior ao pecado original, de um aparente fatalismo tão contrário ao otimismo expansionista da Contrarreforma, os portugueses carregavam, em suas caravelas e na ponta de seus arcabuzes, a prosa da verdade teológica do mundo sobre a terra e sua gente submetida. Era conveniente que os relatos se aproximassem da natureza e se afastassem dos simulacros de assustadora humanidade. Os índios estavam confinados ao capítulo da queda e da infidelidade teológica original. Mesmo João Daniel, que estende-se muitas vezes por denúncias e acusações contra os leigos preadores, e que quando trata dos índios se aproxima da etnografia como se conhece hoje, não consegue escapar desta certeza: "(...) Tinha este missionário praticado, e descido do mato uma nação, e como era zelozíssimo, depoes de arrumar, e dispor estes, partio outra vez para o centro do sertão a praticar outras nações. Eis que um dia, antes de chegar o prazo da sua torna viagem, estando os primeiros à roda de uma grande fogueira deu um pao, dos que estavam no fogo um grande estalo, e ouvindo-o os tapuias gritaram — aí vem o padre, aí vem o padre! —, e não se enganaram, porque daí a pouco espaço chegou, sem ser esperado. E quem lho disse, senão o diabo naquele sinal do estrondo, e estalo do pão? Desta, e muitas outras semilhantes profecias bem se infere, que já por si mesmo, e já (por) pactos comunica muito com eles o diabo, de cuja comunicação nasce o não acreditarem aos seus missionários, quando lhes propõe os mistérios da fé, e as obrigações de católicos, porque o demônio lhes ensina o contrário (...) Bem sei que podia ser algum anjo, mas como estes favores são mais raros, e poucos os merecimentos para eles, especialmente em tapuias, fica menos verossímil este juízo."

Os conquistadores trabalhavam com paixão, e a prática de escravização desses homens que pactuavam com o diabo era uma prática justa. Eram selvagens nus e com poucos merecimentos, o outro, o reverso da humanidade, aqueles que estavam no limbo da luz divina. Os relatores não podiam escapar desse caráter nem podemos obrigá-los a contrariar uma estrutura fechada como a da empresa portuguesa. Eles tinham que partilhar de tudo e nunca suscitar conceitos fora da mecânica teológica. Os portugueses, mais do que os espanhóis, souberam manipular o cristianismo como uma ideologia do mercantilismo, estreitando o corredor de observação dos relatores, eliminando sempre os pruridos iluministas que tentassem se infiltrar na visão da terra conquistada. Os conquistadores espanhóis, fazendo constantes apelos à ideia de serviço (de Deus e ao rei), ampliaram consideravelmente o significado de tal ideia. Não se veem, ao longo da conquista do Brasil pelos portugueses, lances de alucinação e febre de saque como procederam sempre os espanhóis. Não somente os portugueses não se defrontaram com culturas como a dos incas, maias e astecas, que aparentavam mais complexidade e possuíam forças militares regulares, como traziam uma concepção estruturada para se apossar da terra e nela se estabelecer como senhores, elaborada a partir dos embates com civilizações altamente estruturadas do Oriente, como a Índia, a China e o Japão. Os povos indígenas tinham uma concepção mítica do mundo, os portugueses, uma teologia aguerrida. Era a luta entre o "logos" e o "homem autoritário". Partilhando e alimentando-se dessa mística agressiva, os cronistas escreveram a interpretação necessária para os portugueses se tornarem verdadeiramente ofensivos. Essas observações seriam ociosas se levantadas do ponto de vista ético e se os seus efeitos já tivessem cessado. Mas as consequências ideológicas e históricas que disso se formaram merecem renovar a polêmica que começou com o próprio Frei Bartolomeu de Las Casas, em outro patamar, é claro, sem se preocupar com a validade ou não do método da colonização portuguesa nos séculos XVI e XVII. E já que este fato é hoje inexorável, só podemos rever uma postura em relação aos seus efeitos. A bem da verdade, os conquistadores ibéricos não foram sempre os demoníacos destruidores e assassinos da negra legenda nem os cavaleiros e santos da cruzada espiritual, como descreve a legenda branca. Na empresa colonial, sendo o fim preciso a conquista de novas regiões econômicas, é equiparável a crueldade de um Bento Maciel Parente à ingênua perplexidade de um padre Manuel da Nóbrega, que fechava os olhos às chacinas e torturas perpetradas contra os índios e buscava compreender tanta violência como uma decorrência natural da impiedade daquelas criaturas selvagens.

> (...) me disseram que os cristãos os assaltavam e os tratavam mal. — Escreve o padre Manuel da Nóbrega em seus *Apontamento de coisas do Brasil*, de 1558. — Alguns assim o fizeram, mas os outros pagaram o dano que aqueles haviam feito. (...) E são tão cruéis e bestiais que matam mesmo os que nenhum mal lhes fizeram, padres, frades, mulheres tão lindas que mesmo os mais brutos dos animais se contentariam com elas e a elas não lhes fariam mal. Mas são tão carniceiros de corpos humanos, que sem exceção de pessoa humana a todos matam e comem e nenhum atenuante os desvia ou os faz se absterem de seus maus costumes (...)

Os narradores coloniais não somente se identificavam com as marcas da colonização, mas também com a sua linguagem. Especialmente numa época em que a diferença crucial entre a barbárie e a civilização estava na supremacia da escrita sobre a oralidade. E mais, os argumentos da patrística também diziam que sendo o final inevitável o fim do paganismo e a conversão, aqueles povos tão próximos dos elementos e tão instáveis quanto às intempéries não eram simples bárbaros no sentido em que entendiam a palavra. Porque havia a natureza, um cenário que mais parecia o berço de Adão e que aqueles brutos dominavam sem-cerimônia. Assim, toda a espessura do exterior, os ecos da simulação, o nexo da analogia são apanhados, e relatadas todas as experiências:

> (...) golfeira e muito criançola — escreve o Padre Cristóbal de Acuña em *El Nuevo Descubrimiento del Gran Río de Las Amazonas* —, toda cheya de grandíssimos arvoredos que testificão sua fecundia, chã, pouco montuosa e tão branda, que por viço se pode andar descalço. Deste clima e deste terreno debayxo da Zona torrida (de que os antigos não tiverão noticia, e forão de parecer que seria inhabitavel), depois que a experiência mostrou o desengano, houve authores que imaginarão, que aqui devia ser o Paraizo de deleites, onde nossos primeiros Paes forão gerados.

Tudo é mantido exteriormente, sustentado e informado; por essa prova que mantém o novo mundo a distância e louva o detalhe. É através desse jogo que a louvação da natureza exuberante tem início, mas a América portuguesa continuará a ser o que sempre foi, capitulando virgem aos portugueses. A conquista permanece uma figura de retórica e a narrativa é fechada sobre si mesma. Terra golfeira e muito criançola, paraíso de deleites, cenário exótico, frutas deliciosas e animais curiosos pareciam dizer o quanto o novo mundo deveria dobrar-se ao jugo colonial, render-se, doar-se, ou integrar-se para que a empresa tivesse o sucesso que El-Rei e os missionários esperavam. Os narradores atravessaram este maravilhoso acervo humano sem ao menos se darem conta de que ele poderia dar algo ao futuro. E somente muitos anos mais tarde, sob a experiência de cientistas e viajantes ilustres, livres dessa preconceituosa teologia, ainda que carregados de preconceitos em relação ao clima e ao povo, é que foi possível levantar algo do véu que embotava as marcas originais da América intocada anterior aos europeus.

A natureza brasileira surgia para o cronista, da mesma forma primeira em que Deus a havia legado aos desígnios de Portugal. As maravilhas naturais eram um sinal da certeza absoluta da transparência teológica do mundo. As narrativas contavam sobretudo aquilo que Deus havia designado na nomeação do Gênesis. Assim como os rios eram grandes e as árvores possuíam realeza, a posse portuguesa já estava ungida nessas similitudes. Bastara que o papa decretasse solenemente um tratado, para que a linguagem reconhecida se transformasse em política.

O desafio, porém, vinha daqueles homens selvagens, os filhos degradados da Torre de Babel, separados e castigados da Comunhão dos Santos. Por isso, a louvação da natureza que Deus doara aos conquistadores, além de reconhecer e classificar o visível, levava os cronistas a desvanecer o direito de posse do índio, criatura que vivia no espaço vazio deixado na memória pela dispersão da humanidade. Mas o índio também possuía uma memória que inquietava, e se não se dava ao hábito de louvar a natureza, reconhecia com veemência o seu direito a ela:

> Concordamos que há um só Deus, mas quanto o que diz o Papa, de ser o Senhor do Universo e que havia feito mercê destas terras ao Rei de Castela, este Papa somente poderia ser um bêbedo quando o fez, pois dava o que não era seu. E este Rei que pedia e tomava esta mercê, devia ser louco, pois pedia o que era dos outros. Pois que venham tomá-la, que colocaremos as vossas cabeças nos mastros (...).

Respostas como esta, de um tuxaua da região do Sinu, na atual Amazônia colombiana, desconcertavam os colonizadores. Sendo o índio também derivado daquela humanidade esquecida da diáspora, era preciso trazê-lo à força para a Aliança de Deus, isto é, integrá-lo na empresa econômica colonial.

Os colonizadores viram e observaram do índio a vivência nas matas, exatamente aquilo que os povos indígenas preservavam fragmentariamente da primeira nomeação teológica. Como os judeus, esses filhos desgarrados de Israel precisavam ouvir a boa-nova, sorverem as palavras da nova lei trazida pelo cristianismo. Daí o rigor das investidas militares e a forma de crônica com projetos de observação etnográfica.

Esse rigor teológico domina em sua segurança todo o período da conquista: não refletir o que é visto nos elementos "selvagens", mas o que os europeus sabiam da natureza humana. Um conhecimento da natureza humana elaborado pelos doutores da Igreja e que se esgotava na graça divina. Dessa superposição idealizada do homem é que a cultura europeia do Iluminismo iria criar o homem natural no plano leigo. Os racionalistas do século XVIII sublimaram a voracidade da conquista do Novo Mundo, para dela extrair o homem natural, os índios, ressurgidos como legisladores puros diante da legislação romana obsoleta e feudal. O melhor exemplo está no Capítulo XXXI, *Dos canibais*, nos *Ensaios* de Michel de Montaigne (1580), e na novela de Voltaire (1767), *O ingênuo, história verdadeira*. No texto de Montaigne, índios tupinambá do Brasil visitam a corte de Carlos IX, em Ruão, e mostram-se horrorizados com as diferenças de classe; em Voltaire, um índio hurão, da América do Norte, põe em xeque as estruturas da sociedade europeia simplesmente pelo fato de levar a sério e às últimas consequências o texto do catecismo cristão.

Mas antes desse renascimento racionalista, em que realmente o índio permanece ainda distante, o "selvagem" atravessou o projeto de restituir os fatos ao seu concatenamento teológico. Todos os cronistas trabalharam nesse sentido, pois a observação científica, como se conhece hoje, só aparece no fim do período colonial. Frei Gaspar de Carvajal, Cristóbal de Acuña, padre Anchieta, padre João Daniel, ou o capitão Symão Estacio da Sylveira, especializaram os conhecimentos ao mesmo tempo segundo a forma teológica, imóvel e perfeita, e segundo a linguagem econômica da colonização, perecível, múltipla e dividida.

Encontramos esta visão também em Maurício de Heriarte, na sua *Descrição dos estados do Maranhão, Pará, Gurupá e o rio das amazonas*, que engloba o que vê num texto de muitas citações e figuras de vizinhanças; João Felipe de Bettendorf, na *Crônica da missão dos padres da Companhia de Jesus no estado do Maranhão*, subordinando tudo à prescrição da Contrarreforma; e em José de Morais, na *História da Companhia de Jesus na extinta província do Grão-Pará*, que põe também em destaque esse privilégio teológico sobre a linguagem.

De certo modo, escapa desta unidade o padre Antônio Vieira. Uma parte significativa de sua obra é dedicada à condenação dos costumes coloniais, mas dedica momentos candentes de seu verbo para denunciar o tratamento bárbaro dado aos índios. Um dos exemplos mais claros da posição de Antônio Vieira está nos textos que se referem à sua visita ao Pará, aonde chegou em 1655. Esse importantíssimo representante da crônica colonial brasileira fica profundamente escandalizado com a inércia e a promiscuidade da capital provincial do Pará, revelando em suas páginas um sabor crítico muito especial e num outro extremo do costume literário de ver o Brasil. Esta primazia da crítica de costumes em Vieira não é, apesar de tudo, um fenômeno suficiente para escapar da similitude teológica. Antes de se opor aos baixos costumes dos colonos, ele mergulha nas impressões da natureza, nas quais "os homens são uma gente a quem os rios lhes roubam a terra" e fala dos "destroços e roubo que os rios fizeram à terra". Depois, feroz defensor que era da utopia jesuíta, do direito universal de todos os povos se unirem livremente em Cristo, lançando um olhar para os índios preados e descidos, ele investe contra a corrupção moral dos colonos, mais interessados em contabilizar os ganhos que embelezar o reino de Deus:

"Novelas e novelos são duas moedas correntes desta terra: mas têm uma diferença, que as novelas armam-se sobre nada, e os novelos armam-se sobre muito, para tudo ser moeda falsa."

Antônio Vieira assim revelava a diferença superficial dos interesses religiosos com a dinâmica comercial da província. É um dos raros momentos de variante nos discursos, importante num quadro sempre uniforme. Sabe-se, também, que a fúria de Vieira foi menos fruto de observação que uma irritação direta e justificada em relação à vigarice de certos comerciantes quanto a seus interesses particulares. Mas esse desagradável incidente, pondo o cronista em situação delicada, revelou com clareza o destino do projeto colonial português: uma moeda falsa circulando na Amazônia. Vieira, contudo, não se preocupa tanto com metáforas ao falar do tratamento rotineiro dado aos índios:

> (...) Tudo (...) fazem os tristes índios, sem pagamento algum que serem chamados de cães e outros nomes muito mais agravantes; e o prêmio melhor que podem encontrar nestas jornadas esses miseráveis é encontrar (o que poucas vezes acontece) um cabo que não os trate tão mal. Jornadas em que

de costume os índios que partiram não regressam nem a metade, porque o simples trabalho e os maus-tratos os mataram (...)

Os portugueses queriam as Índias e encontraram o paraíso terrestre. Ainda assim, se decepcionaram. Foram necessários 30 anos para que finalmente descobrissem uma finalidade econômica para aquele Éden inesperado. E por que a decepção? Bem, esta é uma polêmica de 500 anos, que tem gerado luz e calor e está nas próprias raízes das nações americanas. Ainda assim, é preciso considerar as circunstâncias. Eram dois mundos que estavam em colisão, mas ninguém percebeu a extensão e a profundidade do fenômeno, ainda que não se tratasse de algo exatamente inédito na história dos homens no planeta Terra. Sim, porque a derrocada da era clássica mostrou a volatilidade dos sistemas ocidentais em comparação com a solidez da Ásia. Esta, a Ásia, era o velho continente, enquanto a Europa era a juventude e a instabilidade. Por isso, aos europeus, como aos portugueses, as Índias vestiam-se de um magnífico aparato de estabilidade, tradição, sabedoria e riqueza. A expressão "luxo oriental" é dessa época e foi incutida na mente europeia por gente como Marco Polo e Fernão Mendes Pinto. As Índias se contrapunham em afluência aos mundos desconhecidos e povoados por uma fauna de pesadelo. Mas os portugueses nunca se interessaram muito por fantasias, na literatura de língua portuguesa os contos e romances fantásticos são quase inexistentes. O pragmatismo lusitano levou os portugueses a encontrarem o único caminho viável para as Índias, contornando a África e atingindo o oceano Índico, rompendo com o monopólio da rota da seda. O modelo teórico português era essencialmente voltado para a tecnologia, e seu raciocínio prescindia de metonímia. Isto quer dizer que, ao desembarcarem numa praia da Bahia, como não foi o luxo da corte de Calicute que encontraram, mas a luxúria do corpo nu e bronzeado das tapuias, o raciocínio lusitano empacou. Levaram 30 anos ruminando como tomar o todo pela parte, e germinaram uma nação continente.

Vimos que nunca houve propriamente barreiras de comunicação entre os portugueses e os povos indígenas. Tanto os portugueses como os índios viviam em sociedades com uma enorme diversidade dialetal e de idiomas. Seguindo alguns quilômetros em qualquer direção na Europa podiam-se sentir os efeitos da maldição de Babel. Em Pindorama, a diversidade dialetal e linguística não era menor. Falar guarani para um tariana era o mesmo que falar grego para um francês. E os portugueses já traziam sofisticada gesticulação aprendida nas Índias, lapidada a partir das elaboradas etiquetas não verbais dos árabes, dos japoneses, chineses e hindus. Quanto aos povos indígenas, tanto os tupi quanto os aruaque e caribe cultivavam detalhadas fórmulas comportamentais, aplicadas nas despedidas, nas chegadas de visitantes, para regular a circulação de homens e mulheres na aldeia.

Outro aspecto importante para compreendermos os primeiros contatos é que tanto a cultura portuguesa quanto a dos povos indígenas eram bem diferentes do que são hoje. Ambas traziam um traço de união surpreendente, que era o senso de humor. Pode parecer estranho invocar humor para essas duas culturas consideradas tristes, mas o humor estava presente tanto entre os portugueses quanto entre os índios. Basta passar a vista no texto de Fernão Mendes Pinto, o mais importante cronista da aventura portuguesa, para se identificar ali no fraseado cafajeste uma parte genética de Macunaíma ou do Primo Altamirando. O outro gene pode ser identificado na cultura alegre e sorridente dos povos tupi em contraponto ao cinzento acabrunhamento dos guarani. Os tupi construíram sua existência numa sociedade quase teatral, em que o objetivo principal era a busca permanente da alegria de viver. Quando Oswald de Andrade lançou o desafio *"Tupi or not Tupi, that's the question"*, ele não estava fazendo apenas um trocadilho, mas apontando uma opção.

O lance do olhar dos portugueses, e seu gestual carregado de significados que se perdem nas ruas de Roma antiga, e a suntuosidade de gesticulação dos povos de Pindorama, por onde espreitavam brumas de magia do neolítico, marcaram o lado humano do choque histórico, sintetizando para o futuro um povo que mantém sua memória romana, mas não esquece o chamado da natureza americana. Em que o humor tem um aspecto canalha, mas a maior filosofia é a alegria de viver, apesar de todas as crises. Sob a luz intensa gerada por tantas paixões e emoções incandescentes, é possível retirar da penumbra as imagens turvas do artilheiro Hans Staden, de Caramuru e seu trovão de pólvora que aterrorizou o povo e encantou Moema, da perplexidade do bispo Sardinha ao perceber que estava no cardápio principal e, se quiserem, nos costumes piromaníacos de certa juventude brasileira a atear fogo no corpo do índio pataxó.

O que se tem a dizer é que o modelo colonial, representado pelas crônicas e relações, legou uma forma determinada de expressar o Brasil, particularmente curiosa e assustadoramente viva. Perdendo suas bases agressivas, suas bases ideológicas que lhe davam consistência, essa visão de mundo repete-se hoje de maneira conformista e mistificada. Não distingue propositadamente o visto do acontecido, o relatado do observado, constituindo uma louvação desenfreada da natureza exuberante, mas uma natureza imobilizada no tempo e no espaço, que não pode ser tocada pelos nativos, que deve ser preservada na lógica utilitária dos sábios colonizadores de plantão. O espírito simulador dessa visão de mundo colonial legou, por exemplo, o velho e gasto conceito da "Amazônia, celeiro do mundo". Sua permanência é hoje a comemoração do assalto indiscriminado, da transformação da área em deserto e que pela retórica verga a espinha para a lógica do progresso econômico. É essa mesma retórica que leva à extinção os povos indígenas e cuidadosamente deposita seus restos nos museus e coleções etnográficas. Enfim, neste teatro sem palavras, em que os sons humanos foram mais gritos de dor e gemidos de prazer, perseguiu-se a utopia salvacionista de criar nos trópicos a sociedade perfeita dos homens quase anjos e a colônia ideal em que o destino era exaurir-se para a metrópole, tudo inspirado nas imperfeições dos selvagens, como não cansaram de repetir os europeus. Esta busca ensandecida pela perfeição engendrou a loucura de Erasmo, as críticas de Gargântua e os desvarios lancinantes de sabedoria do Calibã de Shakespeare. Mas, ao lado da lucidez desses europeus, permanece a tradição do banquete de palavras, as metáforas discrepantes que pintam tudo em levitações da gramática e do significado, numa anacrônica dimensão equatorial do barroco, para que a miséria do homem seja sempre infinita.

2
O IMPACTO COLONIAL NA AMAZÔNIA

A Amazônia começou a morrer pelos erros da nossa civilização. Há 300 anos foi estabelecido um conflito que ameaça a integridade do grande vale. Um conflito que sentimos na pele e que se revela diariamente nas ruas de nossas cidades, nas estradas que abrem o caminho do desmatamento. E nestes longos anos de conflito até mesmo a nossa expressão artística parece recusar-se a reconhecer o perigo. Movidos pelas necessidades econômicas da empresa colonial, instigados pela ideologia da Contrarreforma, os portugueses nos ensinaram a ver naquilo que há de mais originário, um inimigo desprezível. Sistematicamente banida de nossa investigação artística, a cultura mais autêntica e viva da região recolheu-se para os arquivos etnográficos. O que era para ser esteio, viga mestra e estrada luminosa tornou-se curiosidade e folclore para especialistas. Poucos foram os que vislumbraram esse universo. A maioria preferiu a rota confortável do aniquilamento pela importação desenfreada de estéticas alienantes. A Amazônia índia é um anátema: um purgatório onde culturas inteiras se esfacelam no silêncio e no esquecimento. E, quando esta entidade heroica e sofredora deixar de existir, será necessário encontrar outro nome para o vale: já não teremos mais Amazônia.

Mas a Amazônia é paciente, ela já viveu milênios. Para os índios, que sofrem e morrem esses 300 anos de presença "civilizada", isso não é mais que alguns séculos no grande tempo dos milênios. Outras ameaças já atravessaram seus caminhos, se bem que nenhuma tivesse a fúria missionária das seitas evangélicas e crença total nas leis do mercado.

Todos nós já fomos índios uma vez na vida. Nossa imaginação infantil nos cobriu um dia a pele de pinturas e tivemos um cocar de penas. Brincamos de peles-vermelhas que o cinema americano glamourizava escondendo a tragédia. Éramos crianças e não sabíamos que aqueles exóticos seres poderiam um dia pular da tela para os jornais de nosso café da manhã. Aqueles corpos que tombavam como moscas sob a mira de um inesgotável revólver de herói não eram sombras de matinê. Nos Estados Unidos, um século depois do último confronto sangrento, quando já não restam senão algumas centenas de peles-vermelhas aviltados e uma ecologia ameaçada pelo lixo industrial, começam a compreender o significado da grande tragédia. Nós, os brasileiros, queremos esquecer, cobrir a incômoda situação com os velhos argumentos de um progresso que sustentou os pioneiros do século XIX e hoje sofre severos reveses na opinião dos conservacionistas e ecologistas. Estamos persistindo no mesmo caminho cego da depredação. Vendados pela ideologia do progresso, ninguém toma em consideração esses filhos incômodos de uma humanidade primitiva que impedem o caminho da sociedade até o lucro. E se somos aparentemente donos do maior poder de persuasão, o que são algumas centenas de estranhos homens armados de bordunas para impedir uma estrada? Afinal, não é com estradas que se faz um país? Não são elas as artérias do progresso e da integração, dignas de sonetos e discursos?

Nos últimos séculos, a Amazônia tem experimentado o encontro nada pacífico entre duas formas de cultura. O resultado será um beco sem saída, ou o nascimento de uma nova cultura compatível. Betty J. Meggers, no ensaio *Amazônia, a ilusão de um paraíso*, sintetiza assim o drama regional:

> A Amazônia é (...) um laboratório apropriado para o estudo da adaptação cultural. Durante os últimos milênios, foi alvo de dois sucessivos e distintos tipos de utilização humana. O primeiro se desenrolou sob a influência da seleção natural, resultando dos ingredientes trazidos pelos primeiros homens que a povoaram há alguns milênios antes da era cristã. O segundo, introduzido no princípio do século XVI, foi um sistema de exploração controlado do exterior, que não apenas destruiu o equilíbrio anterior mas impediu o estabelecimento de um novo equilíbrio. (...)
>
> A história, no entanto, não termina aí. A Amazônia de hoje é um lugar bem diverso do que era

anteriormente a 1500 — não porque o clima e a topografia tenham mudado sensivelmente, mas porque o desenvolvimento cultural sofreu alterações drásticas. A degradação que se operou no hábitat, sobretudo no decorrer dos últimos 50 anos, demonstra claramente a relação cultura/meio ambiente em sua forma mais desarmoniosa. A persistência do mito da produtividade ilimitada, apesar do vergonhoso fracasso de todas as iniciativas em grande escala para desenvolver a região, constitui um dos mais notáveis paradoxos do nosso tempo.

Firmemente sustentados pelo ideal do avanço econômico, não fazemos mais do que seguir a tradição espoliadora. Pomos abaixo a maior floresta do planeta, sem ao menos conhecermos as consequências desse gesto, para alimentarmos a voracidade das grandes empresas monopolistas. E para isso é necessário limpar o caminho de índios obstinados e preguiçosos. Pois nada mais obstinado e preguiçoso que essa gente que se permitiu recusar através do tempo os favores da "civilização e do conforto". Nossos dominadores portugueses já nos mostraram os métodos, e como hoje somos mais sofisticados, não necessitamos, na maioria das vezes, recorrer às "guerras justas". Aprendemos muito com Dachau e Treblinka, assim como recebemos inestimável lição dos jesuítas.

3
A TRAGÉDIA AMAZÔNICA

Nossa Amazônia está marcada profundamente pela presença dessas culturas autóctones e o problema se coloca de maneira assustadora. Durante os séculos de presença "branca", o que se tem visto é o constante malogro tecnológico. A civilização ocidental, gerada num clima temperado e numa realidade social diferente, tem se mostrado incapacitada para resolver o problema tecnológico suscitado pela região. O mesmo tem acontecido com os artistas "civilizados", que nunca resolveram os enigmas da linguagem regional. A tecnologia ocidental tem se atolado na depredação desenfreada, mas seus sofisticados instrumentos emudecem com a umidade. Para que os primeiros portugueses sobrevivessem em nossas condições ecológicas, foi necessária uma absorção de padrões culturais autóctones. Infelizmente não é apenas o malogro tecnológico que tem acompanhado a experiência "civilizada". As aberrações são numerosas. Basta livrar-se do conformismo da sociedade de consumo, para constatar o que se passa nas ruas de Manaus. A capital amazonense se transforma rapidamente num apêndice infectado, centro perfeito para a velha luta entre glóbulos brancos e glóbulos vermelhos. Na escatologia médica isto tem um nome: leucemia. O choque de brancos e vermelhos encaminha-se para o extermínio dos últimos. A semiologia é clara: a vitória dos brancos é a morte do organismo.

Vilipendiados, os índios sempre representaram uma presença inquietante. Para os primeiros colonos portugueses eles eram os senhores absolutos da região. Eram os índios representantes de uma humanidade degradada, os únicos que haviam conquistado o status de uma cultura que falava em todos os níveis a linguagem da Amazônia. Apropriando-se dos métodos indígenas, os colonos, ao mesmo tempo que fundaram nossas bases sociais, estabeleceram um conflito. E este conflito preside ainda hoje a problemática da região. Os índios, no entanto, não colocam em risco a estabilidade ecológica. Nossa cultura, que se considera superior, está transformando a região num deserto.

Sempre obstinados na defesa de suas próprias vidas, e portanto na defesa da região inteira, os povos autóctones morrem com ela. No século XVIII, nos anos que precederam a forte repressão contra o tuxaua Ajuricaba, milhares de índios perderam a vida. Belchior Mendes de Morais, que comandava a repressão, no intuito de evitar a adesão de populações pacíficas ao caudilho manau, destruiu pelo ferro e pelo fogo cerca de 300 malocas no vale do rio Urubu. As populações indígenas daquela região ainda conservam na memória esse ato civilizadíssimo de Morais.

Na mesma época, uma epidemia de varíola, trazida pelos higiênicos soldados lusitanos, ceifou a vida de 40 mil índios de diversas culturas. Quase a população de Manaus na década de 1930. No rio Carabinane, afluente do médio rio Negro, ainda era comum nos anos 70 do século XX o puro trucidamento de waimiri e atroari pelos mateiros e comerciantes. Os grandes manau desapareceram para sempre, os baré se pulverizaram pelo alto rio Negro. Os cauaiua parintintim foram destribalizados e um de seus tuxauas montou um bordel no rio Madeira. Os mawé esqueceram o significado das inscrições do Porantim, o remo mágico. Um bispo salesiano, para horror dos velhos tukano, promoveu a profanação pública das flautas sagradas de Jurupari, na frente dos não iniciados e de mulheres. Esse tipo de agressão cultural era comum: os capuchinhos que antecederam aos salesianos também usaram semelhante tática terrorista. O missionário Giuseppe Illuminato Coppi teve de sair fugido do rio Negro em 1880 pelo mesmo motivo. Este mesmo piedoso missionário saqueou objetos como uma máscara do Jurupari além de diversos adereços e os depositou no Museu Pigorini, em Roma.

Vivendo na região há milênios, os aruaque, os tukano, os caribe, os tupi, os pano jamais chegaram a ameaçar a existência dos quelônios, como os brancos em pouco mais de 200 anos de caça desenfreada. Os portugueses e seus descendentes instalaram um sistema de pilhagem tão completo aos quelônios que hoje eles estão prestes a optar pelo destino do pássaro dodó. Nas margens das grandes estradas, a inofensiva preguiça está encontrando o mesmo fim, como os grandes sáurios, o peixe-boi, diversas plantas e alguns mamíferos de porte, como o veado-galheiro. Em troca, nos centros urbanos criados pelos colonialistas, evoluíram os cancros que temos hoje. Amontoados sem nenhum respeito pelo meio ambiente, queimadas e desmatamentos desnecessários, conjuntos habitacionais vergonhosos e, na superestrutura, as maravilhas culturais que bem sabemos. A região começou a ser destruída e estamos assistindo estarrecidos aos últimos estertores. A pacificação do índio não passa de monstruosa hipertrofia dos velhos métodos coloniais europeus.

Defendendo a terra onde vivem, integrados nela por uma estrutura que os mitos da civilização ocidental chamam de "idade do ouro", os índios nos colocam em xeque diariamente. Eles não são apenas obstáculos aguerridos que se postam no caminho de nossas estradas. São homens que nos apontam o absurdo de nossa condição de entes submetidos à civilização da ganância e da repressão. Para Betty J. Meggers, em *Amazônia, a ilusão de um paraíso*, não há alternativa além de tomar a região em sua peculiaridade, porque ela já conta com uma vivência cultural rica que nos prova, entre outras coisas, que o sistema de propriedade privada é inadequado para a situação fluida do meio ambiente. Para Meggers, em *Amazônia, a ilusão de um paraíso*, o padrão cultural que a seleção natural fez nascer na região é notável por fornecer ao homem um modo de vida saudável, equilibrado e psicologicamente satisfatório.

A descoberta da Amazônia pelos exploradores europeus no século XVI iniciou um período de rápidas e drásticas mudanças. Doenças novas e mortais dizimaram a população indígena e as atitudes culturais estrangeiras substituíram aquelas que se tinham criado durante milênios de seleção natural. Aos olhos dos estrangeiros, a Amazônia era principalmente uma fonte de produtos exóticos que podiam ser vendidos por preços elevados, e o fito de lucros imediatos teve primazia sobre as vantagens da produtividade a longo prazo. Os recém-chegados mantiveram sua dieta alimentar tradicional preferida, constituída de carne, arroz e café, e continuam a se comportar como uma extensão da sociedade europeia na qual uma divisão de trabalho altamente diversificada se ligava a um complexo sistema de troca comercial. Como o acesso ao mercado se tornou uma preocupação básica, o povoamento se concentrou nas margens do rio, deixando o interior inabitado, a não ser por alguns remanescentes esparsos de tribos indígenas. A mistura racial criou uma combinação biológica composta de brancos, pretos e índios, mas a integração cultural não obteve o mesmo êxito. Salvo algumas exceções, como a construção de casas, os gostos e as ferramentas de origem europeia prevaleceram sobre os dos indígenas. Artigos essenciais, tais como roupa, redes, utensílios de cozinha, facas e machados, só eram conseguidos através de compra. Como a borracha, os couros, a castanha-do-pará e outros produtos da floresta, de valor de troca, dão um baixo rendimento por homem-hora empregado, pouco tempo sobra para as atividades de subsistência. Resultou daí um declínio na qualidade da alimentação que, por sua vez, reduziu a resistência às enfermidades. É óbvio, portanto, que a ocupação da Amazônia depois do descobrimento foi um desastre ecológico, dando início a uma incompatibilidade acelerada entre a cultura e o meio ambiente. Foi também um desastre do ponto de vista humano, pois que condenou a população de origem europeia a uma existência triste e desoladora na qual a sobrevivência física se transforma em preocupação dominante.

4
UMA ÍNDIA CONTRA O IMPÉRIO PORTUGUÊS

Um dos riscos de recuperar a história dos sem história, dos oprimidos, é a tentação de canonizar figuras num panteão de heróis populares. É claro que heróis existiram, mas a maioria das pessoas que compuseram as melhores páginas da história da Amazônia não era nada excepcional, heroica ou virtuosa. Mas foram essas pessoas simples que construíram os alicerces da sociedade que engendrou a Amazônia de hoje e que mal começamos a compreender.

Em 1739, uma índia escrava moveu nos tribunais de Belém do Pará uma ação para ganhar sua liberdade. Ela se chamava Francisca e é uma das poucas mulheres indígenas a deixar seu nome registrado em documentos oficiais em toda a história da Amazônia em 500 anos. A ação se baseou no fato de que ela teria sido ilegalmente vendida como escrava quando vivia na capitania do Rio Negro. Com o auxílio do defensor público dos índios, em Belém do Pará, Francisca juntou testemunhas e provas, fez um depoimento convincente perante os juízes, conseguindo vitória de sua demanda em primeira instância. O processo de Francisca é um caso extraordinário, num tempo em que a escravização dos índios era coisa corriqueira e gente como ela vivia limitada pela fome, pela ignorância, pelas doenças e pela brutalidade de seus senhores. Geralmente não duravam muito e morriam pouco tempo após serem escravizados.

Francisca nasceu e passou a infância na ilha de Timoni, no rio Negro, na aldeia manau, comandada pelo tuxaua Amu. Seu nome manau não ficou registrado, e sua mãe era uma das mulheres do chefe, provavelmente capturada de alguma tribo próxima. Nascida em 1700 ou 1701, no mesmo ano do tuxaua Ajuricaba, ela viveu uma infância típica das crianças manau, tomando banho duas vezes por dia no rio, brincando com as outras crianças e gozando da liberdade que os meninos e meninas indígenas gozam até hoje. Francisca deve ter testemunhado a luta e a derrota de Ajuricaba contra os portugueses, e viu a insaciável busca por mão de obra escrava crescer. Em setembro de 1717, partiu de Belém o comerciante e preador de escravos Anacleto Ferreira, financiado pela firma de Nicolau da Costa. Rumava para o rio Negro e esperava aproveitar a safra do cacau e outros produtos extrativos. Levava um estoque de alimentos, caixas de miçangas, tabaco, açúcar, louças, facas e munição. Meses mais tarde, quando os viajantes pararam na ilha de Timoni e descansaram na aldeia manau, um deles, de nome Anacleto da Costa, capitão de canoa da expedição, caiu-se de amores pela filha do tuxaua Amu. Com a intenção de estabelecer laços de paz com os portugueses, Amu dá sua filha em casamento, mais tarde batizada com o nome de Rosaura, e manda que Francisca acompanhe a irmã até Belém, onde fixariam residência. Naqueles tempos a lei estabelecia regras para a escravização de índios. Apenas aqueles que se levantassem contra os portugueses e fossem feitos prisioneiros, ou aqueles que caíssem prisioneiros de tribos "amigas", podiam ser vendidos como escravos. Era necessário que um jesuíta, examinando caso a caso, assinasse uma autorização para a escravidão. É claro que a lei não estava livre de ser burlada pelos portugueses, e o comércio de escravos indígenas somente seria abolido oficialmente em 1755. No caso de Rosaura e Francisca, nenhum jesuíta estava presente para certificar se podiam ser escravizadas. Aos olhos do tuxaua Amu, elas eram sua propriedade pessoal e seus destinos dependiam de sua vontade, mas entre os manau não existia o conceito de escravo. Aos olhos dos portugueses elas eram tão escravas quanto quaisquer das mulheres aprisionadas naquelas brenhas. O certo é que Rosaura e Francisca eram propriedade de Anacleto da Costa, do dia em que as recebeu do tuxaua até a morte de cada uma delas. A viagem do rio Negro até Belém seguiu os padrões da época para este tipo de empreendimento comercial: os escravos eram amarrados às canoas, mal alimentados e expostos aos elementos. Os mortos e os doentes eram atirados na água. As duas mulheres tiveram sorte em sobreviver. Durante a viagem, Anacleto da Costa vendeu Francisca para Anacleto Ferreira, em troca de mercadorias consignadas por Nicolau da Costa. Quando estavam a meio caminho da viagem, e como a canoa de

Anacleto Ferreira estava necessitando de remadores, ele comprou um escravo do comerciante Estevão Cardoso, que recebeu a incumbência de levar Francisca a Belém e lá entregar ao comerciante Nicolau. No começo de 1718, Francisca já estava servindo de escrava doméstica na casa da esposa de Nicolau da Costa, dona Anna da Fonte. Nos 20 anos em que viveu como escrava, Francisca esqueceu seu idioma materno, o manau, passou a falar fluentemente o nheengatu, língua de sua patroa, e nunca aprendeu a falar português. Em 1739, ano em que Francisca entrou com o processo pedindo sua libertação, estava prestes a completar 40 anos. E este é um dos feitos de Francisca, ter sobrevivido aos rigores da vida imposta aos escravos, que em geral não suportavam mais do que dois a três anos de trabalhos e maus-tratos. Para completar, grassou em Belém, entre os anos de 1724 e 1725, uma epidemia de varíola que dizimou parte da população, causando prejuízos ao comércio e à agricultura. É bem possível que Francisca tenha sido uma das índias escravas que se beneficiaram dos experimentos de um frade carmelita, que inoculou nos pacientes o pus dos doentes, imunizando uma pequena parte das pessoas. Ironicamente, nenhum deles pertencia às classes altas, que recusaram o tratamento pouco ortodoxo para a época, oferecido pelo carmelita.

Os autos do processo são uma rica fonte para se entender a vida de uma criatura humilde, embora sejam parcas as informações. Os depoimentos das diversas testemunhas vão esclarecendo a vida de Francisca, e através desses documentos sabemos que a ideia de mover a ação partiu de seu amante, o alfaiate Angélico de Barros Gonçalves, filho mestiço e bastardo de um oficial português que comandara a fortaleza de São José da Barra do Rio Negro. O principal argumento em defesa de Francisca vinha das lembranças de Anacleto da Costa, que dizia ter recebido a adolescente como pessoa livre das mãos do tuxaua Amu. A primeira decisão da justiça colonial foi menosprezar os testemunhos, contra-argumentando que eram todos de gente "desqualificada" e que tinham interesses pessoais a defender, como o alfaiate Angélico, que, segundo o despacho do juiz, apenas desejava tirar a escrava de sua proprietária para mantê-la como sua "concubina". E, seguindo tal raciocínio, não deram importância ao feirante Manoel Dias e à tapuia Apolinária, que tinha vivido com Rosaura e desta ouvira a confirmação de que Francisca era livre e não escrava. Os autos são duros com Apolinária. Os autos dizem que ela era de "pouca credibilidade", pois não apenas era "uma índia de nação", mas "pobre, vil e infame". Os pesados termos qualificativos denunciam que Apolinária era uma prostituta, que podia "ser corrompida por qualquer tostão". O certo é que, no Pará do século XVIII, muitas negras e índias escravas eram prostituídas pelos seus donos, uma forma de gerar lucro para certas casas de família. Ainda assim, a série de depoentes no processo de Francisca, com suas palavras e pensamentos ali fixados pela pena do escrivão, mostra que na capital do Grão-Pará já existia uma sociedade urbana, ainda que pequena, mas capaz de permitir o surgimento de laços de interesse e de amizade entre as pessoas das classes "pobres, vis e infames". Daí o número significativo de indivíduos humildes que superaram seus temores diante do aparelho cruel de um estado colonial, e por amizade e amor à Francisca, compareceram perante o juiz e contaram o que sabiam. Aqui está o fato mais notável da história de Francisca, a prova de que, na vida real da cidade mais importante da Amazônia, as barreiras sociais e as injustiças de um sistema escravagista e racialmente discriminatório não conseguiram impedir que existissem laços de amizade e solidariedade entre os oprimidos, e que estes fossem muito mais fortes do que as limitações impostas pelo regime colonial.

As testemunhas de Francisca foram obrigadas a comparecer pessoalmente perante o juiz. Já as testemunhas de dona Anna da Fonte, viúva do comerciante Nicolau da Costa e que alegava ser a proprietária de direito da escrava, eram em sua maioria homens brancos e respeitáveis, alfabetizados, que afirmaram em depoimentos privados que sabiam que Francisca era escrava de dona Anna. Nenhum deles era testemunha ocular do fato, ou pusera os pés no rio Negro; mesmo assim, nenhuma objeção foi levantada.

O caso de Francisca foi inicialmente julgado pelo juiz-chefe da colônia, que se atendo apenas ao fato de dona Anna da Fonte não possuir o documento de escrava exarado por um padre jesuíta declarou Francisca criatura livre. Imediatamente a viúva apelou ao Conselho das Missões, composto pelos priores das ordens religiosas estabelecidas no Grão-Pará, e que tinha responsabilidade de gerir as questões relacionadas aos índios. Ali, a inexistência do documento assinado por um jesuíta foi ignorada, desqualificaram os depoimentos das testemunhas da defesa, revertendo-se a sentença e declarando que Francisca era escrava de dona Anna da Fonte, e que assim deveria ser até o fim de seus dias. Para o Conselho das Missões, Francisca era uma "escrava resgatada", obrigada a pagar com trabalho o débito que sua proprietária havia contraído para adquiri-la.

Nada mais se ficou sabendo de Francisca, se ela continuou amando o alfaiate Angélico, se teve filhos, se continuou amiga da índia Apolinária ou se pereceu na grande epidemia de sarampo que grassou em Belém em 1749. O certo é que gente como Francisca vivia pouco, era explorada sem remorso pelos seus patrões e passava pela vida sem deixar rastro. O que nos permite afirmar que Francisca era um belo exemplo de ser humano. A vida da índia Francisca também é um exemplo do axioma que diz que as representações históricas são sempre um processo seletivo. O significado cultural de um processo movido por uma índia que queria ser livre vai muito além do documental e da exposição das injustiças da colonização europeia no novo mundo. Significados culturais estão embebidos não apenas em eventos e personalidades que são escolhidas por sua importância e posição social, mas no próprio processo de relembrar o passado. E ressaltar casos como o de Francisca assume um papel distinto no processo de elaborar uma história, porque deixa exposto o encontro histórico entre diferentes e a forma pela qual este encontro se processou. O processo de Francisca, perpetuando o passado num documento, é tão legítimo quanto as experiências somáticas com os sonhos e as visitações rituais ao passado. Para as etnias amazônicas, o passado, tal qual está registrado nos documentos coloniais, revela-se da mesma forma no espaço alternativo do mito, porque o passado existe simultaneamente ao presente. Para as etnias amazônicas, a consciência histórica se corporifica nas paisagens sagradas, nos seres sagrados, na maneira sagrada de perceber o ser. E o passado se desenrola tal qual se fez presente e por isso se pode recriar o passado a todo momento. A História é a evocação ritual do passado e serve para reverter a desmemória e para intensificar a identidade.

5
As amazonas guerreiras

O primeiro contato registrado e documentado com essas lendárias guerreiras acontece durante a expedição de Francisco Orellana, o primeiro europeu a percorrer o rio Amazonas. A expedição de Orellana prosseguia seu curso no dia 7 de junho, véspera de Corpus Christi, quando os espanhóis tomaram um pequeno povoado, quase só de mulheres, de onde começaram a recolher toda a comida que pudessem carregar. No final do dia, os homens da aldeia regressaram e deram com os espanhóis ocupando suas casas. Tentaram um ataque, mas recuaram perante as armas de fogo, reagrupando-se na floresta. Por volta da meia-noite, os índios atacaram e começaram a infligir algumas baixas aos espanhóis, que estavam dormindo. Orellana então gritou para os seus homens: "Vergonha! Vergonha, cavalheiros, eles não são nada. A eles!" E a situação se inverteu contra os índios. Essa foi uma das poucas ocasiões em que Orellana agiu como um típico conquistador espanhol, ordenando que a aldeia fosse incendiada e mandando enforcar os prisioneiros. Ao partir, após a missa de Corpus Christi, deixaram para trás alguns índios na ponta da corda e as casas em chamas.

Depois desse incidente, Orellana e seus homens nunca mais acampariam em aldeias indígenas, restringindo os desembarques ao mínimo necessário. Mas alguns dias depois, conforme já tinham sido avisados pelo chefe Aparia, eles entraram no território da rainha Amurians, ou a "Grande Chefe". Era uma área densamente habitada, com enorme população, mas muito hostil. Na primeira tentativa dos espanhóis de desembarcarem para conseguir comida, mereceram um ataque tão feroz que tiveram de disputar cada centímetro de chão até voltar aos barcos, onde uma esquadra de canoas já os cercava. Entre os feridos estava Frei Gaspar de Carvajal, que recebeu uma flechada na coxa e, mais tarde, em outra escaramuça, uma flechada num dos olhos.

O que mais tinha espantado os espanhóis era a presença de mulheres entre os guerreiros. Carvajal as descreve como mulheres de alta estatura, pele branca, cabelos longos amarrados em tranças, robustas e nuas, vestidas apenas com uma tanga.

Um índio que caíra prisioneiro no primeiro combate serviu de informante a respeito daquelas mulheres. Interrogado por Orellana, ele contou que as mulheres viviam no interior da selva e todo aquele território lhes pertencia. Suas aldeias eram feitas de pedra e somente mulheres podiam viver nelas. Quando desejavam homens, elas atacavam os reinos vizinhos e capturavam os guerreiros. Se a criança nascida fosse mulher, era criada e ensinada nas artes da guerra que elas tão bem conheciam. Se fosse homem, a criança, quando não era morta, era entregue ao pai.

A história narrada pelo índio é a mesma que seria contada para sir Walter Raleigh e repetida 200 anos depois para o cientista Charles Marie de La Condamine, bem como para Spruce, 300 anos mais tarde. Mulheres guerreiras comandadas por uma matriarca é um mito comum aos povos do rio Negro, médio Amazonas e Orenoco. Daí talvez a presença constante da história ao longo dos séculos, com uma força capaz de convencer La Condamine, Spruce e o historiador Southey, sem falar da ambiguidade de Humboldt a respeito do assunto.

6
Tupinambá e portugueses em Belém do Pará

No dia 12 de janeiro de 1616, os portugueses desembarcaram numa enseada conhecida como grande baía do Pará, que nas palavras de António Pereira de Berredo "não se forma pelo Amazonas, mas pela confluência dos rios Moju, Acará e Guamá, além da agoas que recebe pelo canal da Taijiporá, do rio Tocantins, Pacyan, Guanapá e outros, que formão a Bahia de Bocas".

A escolha do lugar para a edificação do forte recaiu sob um outeiro bem defensivo, voltado para a enseada. Em regozijo pelo bom sucesso da empreitada e ao mesmo tempo para atemorizar os índios, Castelo Branco mandou disparar uma salva de tiros de canhão. Mas ele sabia que com o pouco que trazia não podia garantir a posse, e tratou de mandar emissário levar mensagens de paz aos maiorais das tribos, sabedor que ali viviam índios belicosos. A sorte beneficiou Castelo Branco, e com a ajuda dos nativos em poucos dias a fortaleza estava erguida, recebendo o nome de forte do Presépio, uma recordação do dia em que tinham partido de São Luís. À cidade, que logo a seguir começaram a construir, batizaram com o nome de Santa Maria de Belém, e à região decidiram chamar de Feliz Lusitânia, numa alusão direta de que faziam aquela conquista em nome de Portugal.

Os primeiros anos da Feliz Lusitânia se passaram em constante espírito de vigilância, com os portugueses praticamente circunscritos ao forte do Presépio, prontos para os constantes ataques dos tupinambá, instigados pelos ingleses e holandeses. Segundo Berredo, os tupinambá eram "... índios, pela tradição das suas memórias, oriundos do Estado do Brasil e (...) ainda vacilavam na amizade dos portugueses, por se lembrarem das sinistras práticas dos seus primeiros hóspedes". No começo de 1617, os tupinambá do Maranhão se levantaram, tomaram várias guarnições e aldeias e marcharam contra São Luís. Em 3 de fevereiro daquele ano, Matias de Albuquerque ataca os índios, promove uma chacina e empurra o levante tupinambá para o Pará, propagando a insurreição até os arredores de Belém. Castelo Branco ordena ao sargento-mor Diogo Botelho e aos capitães de infantaria Álvaro Neto e Gaspar de Freitas que "buscassem e destruíssem aqueles bárbaros sem a menor piedade". Mas os portugueses, mesmo contando com armas de fogo e artilharia, estavam começando a perder a guerra. Em 1918, depois da morte de Jerônimo de Albuquerque, os levantamentos indígenas redobraram de intensidade. Contudo, os portugueses eram superiores em proselitismo religioso e em doenças letais. Das escaramuças nas aldeias de Cumã, Caju, Mortigura, Iguape,

Guamá, seguiram-se diversos massacres ao longo do Tocantins e Pacajás, levando grupos inteiros à extinção. Aqueles que escapavam aos arcabuzes caíam em massa sob a contaminação do sarampo, catapora, gripe, tuberculose e doenças venéreas. Os poucos sobreviventes tornavam-se submissos às prédicas dos missionários.

Em meio aos conflitos com os tupinambá, um fato veio romper a harmonia entre os portugueses de Belém. Por um motivo fútil, um sobrinho de Castelo Branco matou a punhaladas o capitão Álvaro Neto. O crime agitou o povoado, especialmente porque o capitão era um homem muito estimado. Alguns capitães mais jovens exigiram a prisão do assassino, mas o capitão-mor não apenas se recusou a atender ao pedido como mandou pôr a ferros os ousados oficiais. O comandante Baltazar Rodrigues de Melo, incumbido de promover as prisões, desobedeceu às ordens e se amotinou. Na noite de 14 de setembro de 1618, depois de três anos angustiosos no esforço para implantar a conquista do Pará, Francisco Caldeira Castelo Branco foi deposto e preso em nome do povo e da paz.

Em 7 de janeiro de 1619, durante o governo interino do capitão Baltazar Rodrigues de Melo, os tupinambá atacam o forte do Presépio. Numericamente superiores, os índios travam uma luta renhida para penetrar na fortificação. Os portugueses sentem que o desfecho não lhes será favorável, mas o capitão Baltazar, mesmo ferido, consegue matar com um tiro o chefe Guaimiaba (Cabelo de Velha), um dos grandes líderes tupinambá. Os índios abandonam a luta e apressadamente somem na floresta. Os documentos deste período registram a ferocidade da reação portuguesa contra os tupinambá. O governador-geral Dom Luís de Sousa dá ao capitão Bento Maciel Parente a incumbência de acabar com os índios rebeldes. A ordem foi executada com tal requinte que, apenas no ano de 1619, os índios que viviam entre a localidade de Tapuitapera, no Maranhão, à boca do Amazonas, foram completamente dizimados. Eram os mesmos tupinambá que haviam recepcionado pacificamente a Francisco Caldeira Castelo Branco, ajudado a erigir o forte do Presépio e a construir a cidade de Belém.

Em 1626, um terrível caçador de índios assumiu o governo do forte de Belém. Era Bento Maciel Parente, um homem de temperamento brutal, sanguíneo e exaltado, com uma personalidade que pouco tinha a ver com o rotineiro pragmatismo e o espírito cauteloso que tanto caracterizavam os portugueses. Quando era governador do Ceará, o tratamento que dispensara aos índios tinha sido tão violento que os missionários franciscanos mandaram uma carta ao rei denunciando-o por matar os nativos de fome e de manter várias índias como concubinas. O aldeamento que Maciel Parente mantinha nas proximidades de seu engenho mais parecia um harém, de acordo com as acusações dos franciscanos. E foi contra esse homem que os tupinambá novamente mostraram sinais de rebelião.

Maciel Parente não brincou em serviço, mandou prender 24 chefes e ordenou que fossem executados imediatamente. Os condenados deveriam ter o corpo rasgado ao meio pela tração de dois cavalos, mas, como não existiam tantos cavalos assim no forte, cada um deles teve os pés amarrados a duas canoas impulsionadas por remadores em direções opostas. Essa terrível matança ultrapassou os limites, e os colonos mostraram-se escandalizados, ocasionando a saída de Maciel Parente do posto. O que não impediu que continuasse a participar intensamente da ocupação da região, recebendo em 26 de julho de 1637, por doação régia, a capitania do cabo do Norte, que abarcava o imenso território que seguia a linha da costa desde o cabo do Norte até o rio Oiapoque, abrangendo a superfície do interior até a margem esquerda do Amazonas, desde a barra até a aldeia de Gurupatuba, atualmente Monte Alegre.

O ato final de Bento Maciel Parente no Grão-Pará foi de traição. Em dezembro de 1641, sendo sobrinho do novo rei Dom João IV, foi nomeado mais uma vez para governar o Grão-Pará. Mal os festejos pela Restauração Portuguesa terminaram, São Luís é invadida pelos holandeses. Bento Maciel Parente retira-se para a fortaleza de Tapuitapera, sede de sua capitania, onde toma uma decisão inesperada. Com todos os seus homens, armas e munições, entrega-se aos holandeses. Em Belém, o capitão-mor Francisco Cordovil Camacho fica sabendo da grave traição e toma medidas para defender a soberania portuguesa. Certa manhã, um navio holandês apareceu na barra paraense e, declarando neutralidade, lançou âncora no Mosqueiro. A bordo estava Bento Maciel Parente, que mandou uma carta a Francisco Cordovil exigindo a entrega da capitania, mas a pretensão foi negada. Furioso, o traidor vai se aquartelar na sua fortaleza do cabo do Norte, de onde passou a lançar ameaças contra Belém, além de se recusar a ajudar na luta contra os invasores holandeses. O resultado foi a sua prisão e morte, pouco antes da completa expulsão dos holandeses do Maranhão e Grão-Pará, a 23 de março de 1644. O povo de Belém peticionou ao rei, solicitando que os parentes e descendentes de Bento Maciel Parente jamais fossem admitidos no desempenho de qualquer função, pelos graves prejuízos que tanto a incúria quanto a irresponsabilidade dos próprios tinham trazido ao estado do Maranhão e Grão-Pará.

7
O FORTE DE SÃO JOSÉ DA BARRA DO RIO NEGRO E A GUERRA DOS TRINTA ANOS

Na confluência do rio Negro com o Amazonas, viviam três grandes nações indígenas: munduruku, mura e manau. Etnias aguerridas, exímias no uso de pequenas canoas, as três formaram um paredão de resistência que impedia a expansão portuguesa rumo ao oceano Pacífico. Para romper esta barreira, os portugueses montaram uma estratégia, atacando primeiro os munduruku, a seguir os mura e, finalmente, a confederação organizada pelos manau. Este episódio ficou na história da região como a Guerra dos Trinta Anos contra os povos indígenas do ocidente do Grão-Pará.

É o historiador português João Lúcio de Azevedo que fixa a data mais segura para marcar a expansão portuguesa em direção ao ocidente amazônico, a partir de uma carta de Vieira, na qual está registrado o ano de 1657, ano em que os padres Francisco Velozo e Manoel Pires estiveram no rio Negro. Eles tinham deixado São Luís em junho daquele ano, com uma escolta de 25 soldados e 300 índios. Depois de superar a correnteza desfavorável do Amazonas, os jesuítas conseguiram entrar no rio Negro e manter contato pacífico com os tarumã, o que acabou rendendo 600 índios escravizados, que foram distribuídos entre os moradores de Belém.

A Missão dos Tarumã, como ficou conhecida a empreitada, foi considerada de grande importância, repetindo-se no ano seguinte sob o comando do padre Pedro Pires e do próprio provincial dos jesuítas, padre Francisco Gonçalves, conhecido pelas suas virtudes, "apóstolo encanecido nas conversões, perito na língua da terra; tão modesto que por bagagem só tinha uma canastra, em que guardava o cilício, disciplinas e livros de casos de consciência que não dispensava para as dúvidas do confessionário; um dos prediletos do céu, que tinha prenunciado a aclamação de Dom João IV". A piedosa virtude do provincial, padre Francisco Gonçalves, certamente foi fundamental para o êxito da expedição, já que regressaram sãos e salvos a Belém, com um carregamento ainda mais rendoso: 700 escravos.

O sucesso das viagens dos jesuítas aguçou a cobiça dos governantes. Em 1663, sob as ordens do capitão-mor do Grão-Pará, Ruy Vaz de Siqueira, o sargento-mor Antônio Arnau de Vilela interna-se pelas selvas e vai sair no rio Urubu, nas proximidades da missão de Saracá, recém-fundada por Frei Raymundo, da Ordem das Mercês. Era uma região densamente povoada, e logo os portugueses foram procurados por representantes dos caboquena, bararuru e guanavenes, que vinham dizer que, se seguissem até as cabeceiras do Urubu, conseguiriam milhares de escravos. Os portugueses acreditaram e a tropa de resgate subiu o rio, com o sargento-mor Arnau de Vilela a computar os lucros. Não tinham chegado a viajar dois dias, quando os índios atacaram. Vilela perde a vida e quase toda a sua tropa, restando apenas alguns poucos soldados e o Frei Raymundo. Os sobreviventes se refugiaram na missão de Saracá, onde sob o comando do alferes João Rodrigues Palheta conseguiram repelir os índios e regressar a Belém.

A notícia do ataque dos índios é recebida em Belém com consternação e revolta, e a administração colonial trata de revidar, organizando uma expedição para castigar aqueles índios rebeldes. O serviço é entregue ao calejado Pedro da Costa Favela, que a 6 de setembro, com 34 canoas, 400 soldados e 500 índios, largou Belém. No final de novembro, a expedição entra no rio Urubu e Favela ordena o desembarque de uma parte de sua tropa. Sem nenhuma contemplação, sem perguntar quem era amigo ou inimigo, Pedro da Costa Favela perpetra o primeiro de uma série de massacres que irão ocorrer no rio Urubu. Reduziu a cinzas mais de 300 aldeias, assassinou 700 índios, incluindo velhos, mulheres e crianças, além de ter escravizado 400 homens e mulheres.

Cinco anos depois do massacre, Pedro da Costa Favela regressa ao rio Urubu, comandando uma tropa de resgate. Fundou, então, o primeiro povoado português da região, que ficou sob os cuidados de Frei Teodósio da Veiga, da Ordem das Mercês. O povoado recebeu o nome de Santo Elias do Jaú, mais tarde Santo Elias do Airão, hoje uma cidade fantasma.

Em 1669, para garantir um ponto de partida da penetração portuguesa em direção ao norte e impedir a passagem de navios holandeses que desciam do Orenoco para comerciar com os omágua, o capitão Francisco da Mota Falcão foi nomeado para a importante tarefa de fortificar a boca do rio Negro. Escolheu o outeiro, entre dois igarapés, situado três léguas acima da confluência do rio Negro com o Solimões e levantou, auxiliado por seu filho Manoel da Mota Siqueira, engenheiro de fortificações, um reduto de pedra e barro, de forma quadrangular. Era uma obra simples e rápida, que levou o nome de fortaleza de São José do Rio Negro, recebendo quatro peças de artilharia e uma guarnição de poucas praças, sob o comando do capitão Angélico de Barros. Frei Teodoro foi o responsável pelo aldeamento dos índios tarumá, passe e baniwa na boca do rio Negro, dando origem ao povoado chamado Lugar da Barra, que no futuro seria a cidade de Manaus.

Sendo o rio Negro uma das áreas mais densamente povoadas naquela época, a população indígena ia se tornar logo uma das maiores fontes de mão de obra para o colonizador. O braço indígena era largamente utilizado na exploração de produtos naturais — as drogas do sertão, o que prejudicava, naturalmente, suas milenares atividades agrícolas de sustentação. Assim, a mão de obra cabocla, que vai aparecer quase simultaneamente com a independência, foi fruto dessa aculturação tão insistentemente forçada pelos portugueses durante 200 anos. No final, o surgimento do caboclo é a prova do sucesso da colonização, e sua história é o retrato de como os europeus submeteram os pouco cooperativos indígenas da Amazônia, em contraste com os mais facilmente adaptáveis indígenas do México e do Peru.

8
Os mura

Os índios mura tinham emigrado havia pouco tempo para o rio Madeira, ocupando a região hoje chamada de Autazes. Eram exímios remadores e possuíam enorme capacidade de deslocamento. No início, não hostilizaram diretamente os portugueses, mas evitaram muitos contatos. Por volta de 1720, o padre João Sampaio, missionário jesuíta, conseguiu aproximar-se de uma maloca mura e convenceu os índios a deixarem a floresta e irem morar na missão de Santo Antônio, na boca do Madeira. Padre Sampaio prometeu ferramentas, roupas e alimentos, se eles embarcassem imediatamente.

Os mura começaram os preparativos para a mudança, quando apareceu um colono português que, se dizendo emissário do padre Sampaio, convenceu os índios a embarcarem num bergantim, aprisionando-os e seguindo para Belém, onde os vendeu como escravos.

Quando os outros mura tomaram conhecimento do que tinha acontecido, passaram a odiar os portugueses. A primeira medida foi atacar e destruir a colônia portuguesa da boca do Madeira, o que fizeram com total sucesso, deixando o povoado em cinzas. Quando a expedição do major João de Sousa d'Azevedo chegou ao Madeira para iniciar sua jornada até o interior do Mato Grosso, os mura lhe deram combate e travaram lutas encarniçadas, com muitas baixas de ambos os lados.

Autazes é uma região de igapós, furos e pântanos, entre o rio Solimões e o Madeira. Ali, no labirinto de florestas submersas, os mura tornaram-se imbatíveis. Até hoje, apesar de todas as carnificinas que sofreram, tanto dos portugueses quanto na época da Cabanagem, os mura continuam lá, no mesmo lugar, numa demonstração de que nunca se renderam ou foram derrotados.

Durante 50 anos os mura vão dar combate aos portugueses. Eles tinham aprendido a não se apresentar de peito aberto contra as armas de fogo; organizavam rápidos ataques ou emboscadas e eram brilhantes arqueiros, arte que dominavam com criatividade, com a utilização de um grande arco que eles seguravam com os pés para lançar uma flecha capaz de atravessar um boi ou rasgar uma armadura metálica.

A vingança dos mura era um exemplo para outras tribos. Eles viajavam ao longo do Madeira, pelo Solimões, até mesmo pelo médio rio Negro, atacando e destruindo povoações portuguesas. Várias expedições punitivas foram lançadas contra eles, mas não conseguiram esmagá-los. Estima-se que mais de 30 mil mura perderam a vida, durante esse período, contra 10 mil colonos. Em seu relato, o ouvidor Francisco Xavier Ribeiro de Sampaio, que viajou pela região entre 1774 e 1775, escreveu que os mura "eram inimigos cruéis e irreconciliáveis", e, a menos que se movesse "uma guerra violenta (...) para acabar e destruir essa tribo", eles continuariam atacando os portugueses. Mas os mura só aceitariam coexistir pacificamente com os brancos depois das enormes perdas populacionais ocorridas durante a Cabanagem.

9
Os manau

O exemplo mura foi seguido mais radicalmente pelos manau, a mais importante tribo do rio Negro. Maurício de Heriarte escreveu em 1665 que aquela região era:

> habitada por inumeráveis pagãos. Eles possuem um chefe (...), que chamam de Rei, cujo nome é Tabapari, e ele dirige várias tribos subjugadas ao seu domínio e é por elas obedecido com grande respeito. (...) As aldeias e gentes desse rio são grandes e suas casas circulares e fortificadas por cercas. Se esse território for colonizado pelos portugueses, nós poderemos fazer dali um império e poderemos dominar todo o Amazonas e outros rios.

De fato, o rio Negro era uma região densamente povoada, e por povos culturalmente bastante avançados. De acordo com o padre João Daniel, até 1750 foram descidos à força 3 milhões de índios do rio Negro.

"Insuficiente dizer", escreveu João Daniel, "que alguns indivíduos tinham mais de mil índios e outros tinham tantos que sequer sabiam os nomes de cada um deles."

A resposta dos índios foi exemplar. Em 1720, os portugueses começam a ouvir falar do tuxaua Ajuricaba, a maior personalidade indígena da história da Amazônia. No começo, ele não hostilizou os portugueses. Como aruaque, Ajuricaba exerceu em mais alto grau um dos talentos de sua cultura: a arte da diplomacia. Rapidamente ele foi unindo as diversas tribos sob uma confederação tribal, o que não era uma tarefa fácil. A estrutura social das tribos da Amazônia, por uma opção histórica, rechaçava qualquer tipo de poder centralizador. Daí a pulverização dos povos indígenas, que os fez presa fácil para os invasores europeus. Poucas foram as experiências de confederação entre os índios em todo o continente americano, mas Ajuricaba logrou unir as mais de 30 nações do vale do rio Negro, em cerca de quatro anos de trabalho de persuasão.

Um outro aspecto da liderança de Ajuricaba era a clareza com que ele sabia distinguir os diversos europeus que começavam a entrar em seu território. Do norte, através das montanhas do Parima e dos vales do Orenoco, vinham os ingleses, os holandeses, os franceses e, mais raramente, os espanhóis. Do sul, em grandes levas e com bastante violência, os portugueses. O conhecimento das diferenças entre os europeus ajudou muito no êxito inicial do levante de Ajuricaba. Ele negociou com os holandeses, que lhe forneceram armas de fogo, pólvora e instrutores. Dos ingleses ele adquiriu pólvora, chumbo e armas brancas. Finalmente, em 1723, ele se sentiu em condições de atacar os portugueses.

Os manau concentravam-se basicamente em duas posições no alto rio Negro e em diversas malocas pelo rio Urubu e na localidade hoje chamada Manacapuru. Dessas posições, e com o apoio de diversos outros povos, eles destruíram todos os núcleos de colonos do médio rio Negro, obrigando os portugueses a se refugiarem no forte da Barra. Ajuricaba também infligiu vários ataques às tribos que apoiavam os portugueses, gerando uma grande confusão na região.

O governador da província, João da Maia da Gama, imediatamente manda uma carta para Lisboa, informando dos ataques. O que deixava os portugueses mais irritados era o fato de Ajuricaba andar com uma bandeira da Holanda desfraldada em sua canoa. O fato foi testemunhado por Miguel de Siqueira Chaves e Leandro Gemac de Albuquerque, oficiais portugueses que comandavam tropas na área, e por eles imediatamente reportado para Belém. Os arquivos holandeses confirmam o contato com os manau, porque, em 1714, a Companhia das Índias Ocidentais Holandesas enviou o comandante Pieter van der Heyden numa expedição à região do alto rio Branco. Van der Heyden deve ter-se encontrado com os manau, pois logo a seguir alguns guerreiros dessa tribo deram de aparecer no Essequibo, assustando os colonos holandeses. Essas incursões pelo extremo norte começaram a ficar comuns, até o levante de 1723, quando cessaram para sempre com a quase extinção da tribo guerreira.

Maia da Gama escreve que:

> (...) todas as tribos do rio e com exceção daquelas que estão conosco e contam com missionários, são assassinas de meus vassalos e aliadas dos holandeses. Elas impedem a propagação da fé e continuamente roubam e assaltam meus vassalos, comem carne humana, e vivem como bestas, desafiando a lei natural. (...) Esses bárbaros estão bem armados e amuniciados com armas dadas pelos holandeses, e outras conseguidas por eles e tomadas de homens que foram até lá e intentaram assaltá-los, desobedecendo minhas ordens. Eles não apenas têm o uso das armas mas também se entrincheiraram em cercados de pau e barro e com torres de vigilância e defesa. Por tudo isso nenhuma tropa os atacou até o momento por temerem suas armas e sua coragem. Por essas dissimulações eles se arrogam a um maior orgulho e se julgam no direito de cometer todos os excessos e matanças.

A resposta de Lisboa foi autorizar o governador Maia da Gama a lançar uma expedição punitiva, mas os jesuítas tentaram uma solução negociada, e o padre José de Sousa foi enviado ao rio Negro para propor uma conciliação. O padre conseguiu fazer Ajuricaba trocar a bandeira holandesa pela portuguesa, viu o líder jurar obediência ao rei de Portugal e recebeu a promessa de libertar 50 escravos em troca do pagamento do resgate. Padre José de Sousa ficou muito impressionado com Ajuricaba, e relatou ao governador que ele era um homem ainda jovem, muito orgulhoso e arrogante, que se denominava governador de todas as tribos e que pessoalmente tinha-se declarado responsável por todos os agravos contra os portugueses. Se Ajuricaba fosse convencido a trabalhar para os portugueses, o rei teria nele um grande aliado.

Ajuricaba, no entanto, não estava interessado em se aliar a nenhum europeu. E, mal o jesuíta deixou o rio Negro, os ataques recomeçaram e Ajuricaba nunca libertou os 50 escravos, embora tenha recebido o dinheiro. Em 1728, depois de receber a aprovação dos próprios jesuítas, Maia da Gama organiza uma poderosa força punitiva, sob o comando do capitão João Paes do Amaral.

> Ficou decidido — escreve Maia da Gama — que eles primeiro dariam busca ao bárbaro e infiel Ajuricaba. E nossa gente o surpreendeu em sua aldeia, mas ele encetou uma defesa antes que o cerco se completasse. Depois de alguns tiros de uma peça de artilharia que nossos homens tinham levado, ele resolveu escapar e abandonar a aldeia acompanhado por alguns maiorais. (...) Nossos homens saíram em perseguição e mantiveram escaramuças com ele cada vez que ele entrava nas vilas de seus aliados. O bárbaro chefe Ajuricaba e mais seis ou sete de seus chefes aliados foram finalmente presos e duzentos ou trezentos prisioneiros foram pegos junto com ele. Quarenta desses serão trazidos para pagar os custos da expedição feitos pelo tesouro de Sua Majestade e mais trinta para a coletoria real.

Ajuricaba foi posto a ferros junto com outros guerreiros e transportados para Belém, onde seriam vendidos como escravos. Foi então que o grande líder manau fez o gesto que lhe deu entrada na História e no coração do povo da Amazônia. Os portugueses descreveram assim o seu ato desesperado:

> Quando Ajuricaba estava vindo como prisioneiro para a cidade, e já estava em suas águas, ele e seus homens se levantaram na canoa em que se encontravam acorrentados, e tentaram matar os soldados. Esses tomaram de suas armas e bateram em alguns e mataram outros. Ajuricaba então pulou no mar com um outro chefe e não reapareceu mais vivo ou morto. Pondo de lado a pena que sentimos pela perda de uma alma, ele nos fez um grande favor ao nos liberar da obrigação de tê-lo prisioneiro.

Ajuricaba pulou da canoa de seus opressores para as águas da memória popular, libertando-se dos grilhões e ressuscitando como um símbolo de coragem, liberdade e inspiração.

Em 1729, os índios do rio Negro novamente se rebelam, sob o comando do manau Teodósio. Depois de alguns combates, Teodósio é preso e enviado para Lisboa. Novamente, em 1757, outro líder manau forma uma federação de tribos no rio Negro, ataca as vilas de Lamalonga e Moreira e ocupa a ilha de Timoni. A rebelião é sufocada violentamente, mas a lição de Ajuricaba não é jamais esquecida.

10
Outras rebeliões na Amazônia

O rio Negro não foi o único palco de rebeliões e sangrentos embates na Amazônia. Mais ao norte, na possessão de terra ocupada pelos holandeses, o século XVIII não seria exatamente uma era de paz. Com a introdução de mão de obra escrava nas plantações e engenhos holandeses da Guiana, começam a surgir comunidades de negros fugidos, denominados cimarrons, os correspondentes dos brasileiros quilombolas. Como as punições para escravo recapturado eram severíssimas, indo desde o enforcamento às amputações de membros e variadas formas de morte sob tortura, os africanos escapavam para o interior da floresta, onde se reagrupavam em pequenos grupos. Os holandeses moveram todos os esforços para eliminar esses cimarrons, organizando expedições e tropas punitivas. Desde 1670 eles tentam acabar com o problema, mas sem êxito. Entre 1730 e 1740, a colônia vive em pé de guerra. Uma expedição, organizada a expensas de plantadores, chegou a reunir 50 holandeses e 200 escravos, mas os cimarrons pouco sentiam o golpe, respondendo aos ataques com elaboradas táticas de guerra de guerrilha, que desmoralizavam os colonos europeus, supostamente mais bem equipados. As expedições eram dispendiosas, custavam cerca de 100 mil guildens, o que acabou obrigando os holandeses, depois de um século de disputas, a proporem um acordo de paz, conseguido finalmente em 1767.

Desde então, seis grandes grupos cimarrons vivem nas selvas do Suriname, numa população de mais de 30 mil pessoas, representando a maior e mais bem-sucedida população de africanos a se adaptar ao continente americano, vivendo em harmonia com os índios, aprendendo com eles a conhecer e a usar a natureza, e produzindo uma magnífica cultura, uma das mais ricas e curiosas da Amazônia.

11
A VISITAÇÃO DO SANTO OFÍCIO NO PARÁ E O TERRORISMO CULTURAL CONTRA AS PRÁTICAS MEDICINAIS INDÍGENAS

Um dos exemplos mais claros das contradições internas da administração modernizadora do regime de Pombal foi o episódio da instalação da Inquisição no Grão-Pará. Sebastião José, o Marquês de Pombal, sempre manteve uma atitude contraditória em relação a certos instrumentos políticos da Igreja Católica. É claro que ele tinha consciência de que o reino de Portugal desenvolvera uma íntima ligação histórica com a Igreja, e o catolicismo servira de base para a construção da nacionalidade lusitana, produzindo uma série de reis carolas, alguns mesmo fanáticos, como o malfadado Dom Sebastião.

O saldo dessa tradição beata não era favorável aos seus sonhos de modernização, e Pombal assestou parte de suas baterias contra algumas forças poderosas da Igreja, como a Companhia de Jesus e o próprio Santo Ofício. A Companhia de Jesus foi expulsa de Portugal e colônias, e o Santo Ofício teve em muito limitados os seus poderes, sendo proibida a prática da tortura (tormentos), que Pombal considerava pouco civilizada, e limitadas as execuções na fogueira. Durante o regime pombalino ocorreram 22 autos de fé e a ênfase penal recaiu menos nas sanções religiosas que no confisco de bens e na execução de oposicionistas, como foi o caso do padre Gabriel Malagrida, queimado vivo em 1761. Assim, a Visitação ao Grão-Pará acontece num momento em que a Inquisição estava em declínio, sendo muito mais um instrumento de coerção do poder temporal do que uma ação religiosa de revigoramento doutrinário.

Como a Inquisição era uma pálida imagem do que tinha sido e transformada em instrumento coercitivo do poder, não se pode dissociar sua presença no Grão-Pará como parte da estratégia pombalina. De qualquer modo, fica a pergunta: Qual o objetivo dessa Visitação do Santo Ofício? Atacar o que ainda restava de influência dos jesuítas? Atemorizar os cristãos-novos por representarem um poder econômico capaz de criar dificuldades? Ou simplesmente combater os maus costumes e as heresias que supostamente grassavam na capitania?

A primeira hipótese não se justifica, porque havia quatro anos os jesuítas estavam fora da Amazônia portuguesa. E, para resolver as questões e negócios referentes aos bens dos jesuítas, a Ordem Régia de 11 de junho de 1761 organizara uma junta para proceder à venda dos "móveis e semoventes, divisões e jurisdições das terras e fazendas, vendas de bens de raiz e tudo o mais respeitante à Companhia de Jesus, que deveria ser incorporado ao Fisco e à Câmara Real".

Quanto aos cristãos-novos, estes faziam parte da elite comercial e não apresentavam nenhum risco, contribuindo largamente para o sucesso da empresa pombalina. Na verdade, a Inquisição no Grão-Pará abateu-se sobre os mais humildes da colônia, implicando e muitas vezes arruinando a vida de modestos funcionários públicos, oficiais mecânicos e artesãos, soldados, criados, índios e escravos negros. Foram poucos os casos de envolvimento de gente de cabedal, como fazendeiros, senhores de engenho e membros da alta hierarquia religiosa, civil e militar.

Atacando o que considerava anomalias de uma sociedade na qual era comum a prática do curandeirismo e o uso cotidiano de superstições aprendidas com os tapuia, a Inquisição no Grão-Pará vai tentar desalojar o legado das culturas indígenas do inconsciente dos colonos, procurando implantar de forma revigorada as manifestações da cultura ibérica, supostamente mais saudável e condizente com os ensinamentos da Igreja.

Em setembro de 1763, o padre Giraldo José de Abranches, Visitador do Santo Ofício, desembarca em Belém, sendo recebido com honras pelo governador, Dom Fernando da Costa de Ataíde Teive. O padre Giraldo, nascido em uma vila próxima a Coimbra, era homem rigoroso e cheio de melindres, que se aferrava a detalhes e a formalidades rituais. O Tribunal da Inquisição do Pará foi sua terceira missão na América, tendo passado por postos eclesiásticos em São Paulo e Minas Gerais.

No dia 25 de setembro de 1763, foram dados a público os Editos de Fé e da Graça, concedendo o perdão do confisco de bens àqueles que confessassem espontaneamente suas culpas ao Santo Ofício. Uma procissão solene, que saiu da Igreja das Mercês, acompanhada pelo cabido, o vigário-geral, os párocos, os coadjutores, o clero em geral, irmandades e confrarias, além de todas as autoridades, tais como o governador, o juiz de fora, a Câmara e um regimento militar, sob o olhar de enorme massa popular, desfilou solenemente até a Igreja Catedral, dando início aos trabalhos da Inquisição. O povo do Grão-Pará viveria mais de seis anos em clima de terror, sobressaltado pelo arbítrio, pela boataria, pela onda de intrigas e o clima torpe de delações que desfez famílias e destruiu amizades.

Além das acusações de adultério, fornicação, sodomia, práticas heréticas "luteranas" ou "judaicas", o grosso dos processos de Belém gira em torno de tratamentos "mágico-religiosos", considerados satânicos. As denúncias sobre tais ações de curandeirismo eram muitas, atingindo índios e negros, como foi o caso da índia Sabina:

> Manoel de Souza Novais natural e morador desta cidade que vive de suas roças casado (...) O que tinha para denunciar era o seguinte: que havera sete anos, pouco mais ou menos, tendo ele experimentado na sua família e escravatura grandes mortandades e entendendo que procediam de se encontrarem pelas árvores de cacau uns embrulhos de cousas desconhecidas (...) teve notícia e era público nesta cidade que uma índia chamada Sabina, não tem certeza se é casada se solteira, mas tem probabilidade que é casada (...)

tinha virtude para descobrir e desfazer os feitiços (...). E com efeito chegando a dita índia logo que entrou na casa dele denunciante imediatamente saiu ou desceu pela escada abaixo imediatamente. E disse que cavassem no patamar da escada que aí haviam de achar os malefícios. Escavando-se no lugar que ela apontava se desenterrou um embrulho de um pano já velho e carcomido em q'estava uma cabeça de cobra jararaca já mirrada de todo e só com os ossos atestando a dita índia que aqueles eram os feitiços de que procediam tantos danos (...) e que esta denuncia a fazia por desencargo de sua consciência (...).

O caso do índio Antonio também não foi muito diferente:

(...) que havera sete meses e meio pouco mais ou menos, achando-se ela denunciante (Antônia Jerônima da Silva) na sua roça do Rio Maguari gravemente enferma de várias dores de cabeça, febres e contínuos movimentos extraordinários por todo o corpo, falando com ela uns índios forros (...) de que a podia curar de suas moléstias outro índio chamado Antônio (...) E lhe deu de beber as raspas de umas cascas, e raízes de árvores com as quais não sentindo melhoras e fazendo-lhe esta queixa, ele respondeu que as purgas eram ainda poucas (...), dizendo-lhe que queria consultar os seus pajés para lhes irem dizer o mal que padecia para saber como havia de curá-las.

Centenas de índios, como Sabina e Antonio, padeceram a perseguição da Inquisição pelo crime de exercerem seus conhecimentos de medicina tribal e tentarem ajudar os colonos brancos com quem agora tinham de conviver. O Tribunal do Santo Ofício atingiu, direta ou indiretamente, pelo menos 485 pessoas. O Marquês de Pombal, político habilíssimo, vislumbrou na Inquisição um meio perfeito para fazer uma correção nos rumos do Grão-Pará. A presença do Visitador em Belém, além de servir para calar certos religiosos incômodos, manter os políticos e comerciantes amedrontados e levar o pavor aos menos favorecidos, funcionou como uma espécie de divisor de águas nos costumes e na cultura da região. O que antes era tolerado e até incentivado, como a absorção de certos hábitos indígenas, agora tornava-se heresia.

O projeto modernizador de Pombal foi buscar um instrumento já decadente na metrópole, mas eficiente na colônia, para amordaçar definitivamente as culturas indígenas e instaurar a "salubridade" sociale cultural através de severas punições. Desde então, os hábitos e as manifestações culturais dos povos indígenas foram entendidos como reflexos de mentes selvagens presas da ignorância, capazes apenas de produzir superstições. Uma colônia moderna, refinada e lucrativa não condizia com pajelanças e colonos nus a tirar a sesta rodeados de um harém de índias adolescentes.

12
O CHOQUE CULTURAL NÃO CESSARÁ JAMAIS

É importante que nos detenhamos nesse choque da história para notarmos como os povos originários da Amazônia, força participante do mistério da região, passam a ser o objeto do colonialismo na primeira e decisiva subjugação. É o momento em que a região vai ter seu universo pluricultural e mítico devassado e destruído, desmontado pela catequese e pela violência e lançado na contradição. Durante a colonização, como era o vale pensado? Como os relatores organizaram a figura da região? E, se é verdade que as coisas reveladas possuíam um valor além do relatório, como é possível pelo menos estabelecer a forma segundo a qual esses escritos constituíram uma primeira demonstração de expressão típica de uma região lançada na contradição?

Afinal, em *Nuevo descubrimiento del gran río de las Amazonas*, o padre Cristóbal de Acuña (1641) já havia reduzido o índio à categoria da zoologia fantástica:

> Dizen que cercano a su habitación, a la vanda del Sur en Tierra firme, viuen, entre otras, dos naciones. La una de enanos, tan chicos como criaturas mu tiernas, que se llama Guayazis, la outra de una gente que todos ellos tienen los pies al reués, de suerte quíen no cono ciendo los quisiese seguir sus huellas, caminaria siempre al contrário que ellos. Llámanse Mutayus, y son tributarios a estos tupinambás (...).

Esta exposição pública de uma suposta natureza aberrante do índio, vinda de uma tradição medieval já identificada, aparece nos relatos do século XVI como parte da conveniência em mascarar a realidade. O escárnio do índio como ente primitivo e bárbaro instaura-se na moldura da paisagem paradisíaca. Quando a aventura espiritual passa a se exercitar como um plano de saque e escravização, não veremos surgir um Bartolomeu de Las Casas que grite contra o genocídio como prática constante dos colonizadores, posição que muito honra o pensamento espanhol.

Veremos, sem dúvida, debates escolásticos sobre a natureza humana do índio. E, quando acontece um desentendimento sério entre o destino terreno e a preparação do índio para o céu, este será apenas transferido da zoologia fantástica para um capítulo do direito canônico. Em todo caso, será negada sempre sua alternativa como cultura. O índio nunca terá voz, como bem podemos notar no mais esclarecido dos cronistas, o jesuíta João Daniel (1776), em *Tesouro descoberto no rio Amazonas*. João Daniel, vítima da perseguição pombalina, morrerá na prisão por representar uma corrente de pensamento mais próxima do Renascimento, mais humanista que os zelos legalistas dos preadores:

> (...) só desde o ano de 1615 até 1652, como refere o mesmo Padre Vieira, tinham morto os portugueses com morte violenta para cima de dois milhões de índios, fora os que cada um chacinava às escondidas. Deste cômputo se pode inferir quão inumeráveis eram os índios, quão numerosas as suas povoações, e quão juntas as suas aldeas, de que agora apenas se acham as relíquias. E se os curiosos leitores perguntam: como se matavam tão livremente, e com tal excesso os índios? podem ver a resposta nos autores que falam nesta matéria. Eu só direi que havia tanta facilidade nos brancos em matar índios, como em matar mosquitos, com a circunstância de que estavam em tal desamparo e consternação os tapuias, que tudo tinham contra si, de sorte que chegando os brancos a alguma sua povoação, faziam deles quanto queriam; e se eles estimulados o matavam, era já caso de arrancamento, e bastante para se mandar logo contra eles uma escolta, que a ferro e fogo tudo consumia (...)

Contra aquele mundo anterior ao pecado original, de um aparente fatalismo tão contrário ao otimismo expansionista da Contrarreforma, os portugueses carregavam, em suas caravelas e na ponta de seus arcabuzes, a prosa da verdade teológica do mundo sobre a terra e sua gente submetida. Era conveniente que os relatos se aproximassem da natureza e se afastassem dos simulacros de assustadora humanidade. Os índios estavam confinados ao capítulo da queda e da infidelidade teológica original. Mesmo João Daniel, que se estende muitas vezes em denúncias e acusações contra os leigos preadores e que, quando trata dos índios, se aproxima da etnografia como se conhece hoje, não consegue escapar dessa certeza:

> (...) Tinha este missionário praticado, e descido do mato ua nação, e como era zelozíssimo, depoes de arrumar, e dispor estes, partio outra vez para o centro do sertão a praticar outras nações. Eis que um dia, antes de chegar o prazo da sua torna viagem, estando os primeiros à roda de ua grande fogueira deu um pao, dos que estavam no fogo um grande estalo, e ouvindo-o os tapuias gritaram — aí vem o padre, aí vem o padre! —, e não se enganaram, porque daí a pouco espaço chegou, sem ser esperado. E quem lho disse, senão o diabo naquele sinal do estrondo, e estalo do pao? Desta, e muitas outras semilhantes profecias bem se infere, que já por si mesmo, e já (por) pactos comunica muito com eles o diabo, de cuja comunicação nasce o não acreditarem aos seus missionários, quando lhes propõe os mistérios da fé, e as obrigações de católicos, porque o demônio lhes ensina o contrário (...) Bem sei que podia ser

algum anjo, mas como estes favores são mais raros, e poucos os merecimentos para eles, especialmente em tapuias, fica menos verossímil este juízo.

Foi um processo civilizatório prodigiosos, destrutivo, brutal. Uma espantosa façanha em que grupos pequenos de aventureiros europeus dominaram povos inteiros. Saquearam enormes riquezas e exterminaram culturas milenares. A expansão ibérica é um dos grandes mistérios da história contemporânea, e o Brasil é produto deste mistério. E como era da tradição do Ocidente, a história da conquista foi contada como uma crônica de maravilhas, um repositório de surpresas e um livro negro de horrores. Estas novíssimas lonjuras tinham a singularidade de seus habitantes, sociedades que pareciam ainda no Éden e ao mesmo tempo no mais desvairado sonho sensualista. Um paraíso pecaminoso.

As novas margens do Ocidente tocavam finalmente os trópicos, e um encontro histórico de enormes proporções se processou. E como os encontros históricos só ocorrem coletivamente quando se tornam registro documental — porque na realidade, são a soma dos encontros entre pessoas, do relacionamento intersubjetivo, dos julgamentos que começam das linhas do rosto e acabam na pele —, o grande encontro histórico do mundo europeu com o mundo do índio foi antes de tudo um ritual de reconhecimento entre duas psicologias com a capacidade de gerar fortes incompreensões e conflitos sangrentos.

Nas calhas dos rios da Amazônia ocorreram esses processos ritualísticos de reconhecimento. Infelizmente, esses encontros tinham seus roteiros escritos pela Contrarreforma e pelo Tribalismo de Chefia. Mas a natureza humana muitas vezes quis superar esses cânones e derrubar todas as barreiras de separação para construir uma exígua passagem capaz de deixar fluir os ares de dois mundos radicalmente distintos. Sim, porque entre o mundo dos homens ibéricos e o mundo dos índios só era possível a construção de uma tênue ponte, quer esta se chamasse assombro, curiosidade e medo. No geral, porém, imperou a truculência piedosa dos missionários e a ganância dos conquistadores. E quase nada mudou em cinco séculos.

PARTE 3

Iluminações lendárias

1
Navegando em águas fabulosas

Mergulhar nas águas daquele rio tinto é como regressar à placenta materna. Os nativos sabem disso há séculos. Eis por que ao longo das margens há tanta gente a banhar-se, o que não é tão natural no Madeira, ou Nhamundá, ou Trombetas, muito menos nas solenes águas barrentas do Amazonas.

O rio, é claro, é o Negro. O rio Negro, afluente magno do rio-mar, que expressa o seu orgulho numa recusa teimosa em ter suas águas misturadas por muitas e muitas milhas náuticas correnteza abaixo. É o rio Negro que nasce dos mistérios minerais das cordilheiras guianenses e desliza-se turbilhonando em corredeiras vertiginosas em diagonal ao subcontinente, para confrontar-se com o rio do rei Salomão (Solimões) e formar o rio máximo Amazonas. Rio de origem de tantos povos, elo de união deste mundo com outras dimensões, o rio Negro é um traço de união geográfico a plasmar culturas.

Talvez seja difícil para as psicologias de litoral marítimo, como é a psicologia brasileira, compreender o que significa ser ribeirinho, ser filho dos rios poderosos da Amazônia e crescer numa cultura baseada no ciclo das águas. Esta dificuldade dos litorâneos, provocada pelas vertigens marinheiras, faz com que se busque igualar um rio ao outro, como se tudo fosse a mesma coisa, a mesma correnteza, a mesma água e a mesmice dos rios em seu leito. Mas a capacidade de inventar dos rios é infinita, e somente a observação detalhada é capaz de dar conta de tanta diversidade.

É por isso que alguns rios se tornam eixos históricos, referenciais da experiência humana: berços civilizatórios. O mar é vasto demais e convida à dispersão, inimiga do processo civilizador. Há, assim, os fulcros civilizatórios do Nilo, do Mississipi, do Reno, do Volga... e no grande planeta dos rios que é a Amazônia, a linha sinuosa do rio Negro em seu testemunho permanente de tantas civilizações que ali se cruzaram, se hostilizaram e se esvaíram no tempo, porque de todos os rios do vale amazônico o Negro é o mais especial, único.

Nos tempos heroicos, antes dos europeus, suas águas de veludo testemunharam a glória de grandes tuxauas. Nações de milhares de habitantes, como a brava nação mura, viviam na boca do rio Negro, dominando as várzeas férteis e os campos de terra firme que se estendem entre a margem esquerda, a campina de Manacapuru, até as alagadiças barrancas do Careiro e Cambixe. Os mura, durante séculos, foram os senhores daquelas paragens, súditos do reino do encontro das águas. Mais acima, no médio Amazonas, os gentis baré, os passé e os famosos

Amazonas guerreiras (André Thevet, 1557).

As amazonas e seus amantes.

Contato entre europeus e munduruku.

Ataque de índios.

Combate entre nativos e europeus (século XVI).

Torturas contra os índios (século XVI).

Vala comum para a aldeia massacrada (século XVI).

Preparação do curare.

A reunião dos mais velhos.

Aldeia indígena do Rio Branco.

Pajés curando.

Cerimônia propiciatória.

Caça aos jacarés.

Caça à preguiça.

Aldeia macuxi (Roraima, século XIX).

Aldeia indígena no século XIX.

Festa entre índios.

Festa na aldeia caribe (século XIX).

Urna funerária marajó, fase marajoara.

Arte marajoara.

Botocudo flechando.

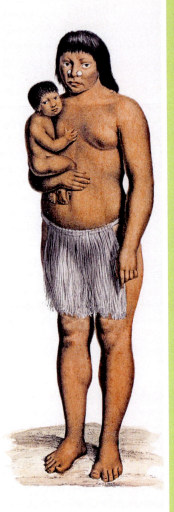

Índios munduruku.

Índio defumando borracha.

Índia em roupa de tururi.

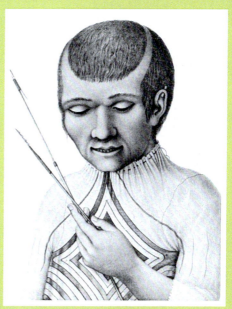

Índio mura.

Índio uerequena.

Índio vaupés.

Índio mura cheirando parica.

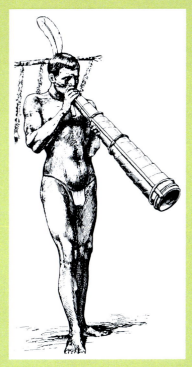
Tuiuca tocando a flauta de Jurupari.

Euclides da Cunha na Amazônia.

Vila de Massarabi (Amazonas, 1912).

Meninos uitoto mercenários de Araña (1915).

Pajé ianomâmi (1960).

Escola indígena (Rio Negro, Amazonas, 1970).

A selva transformada em madeira.

Poluindo com lama e mercúrio.

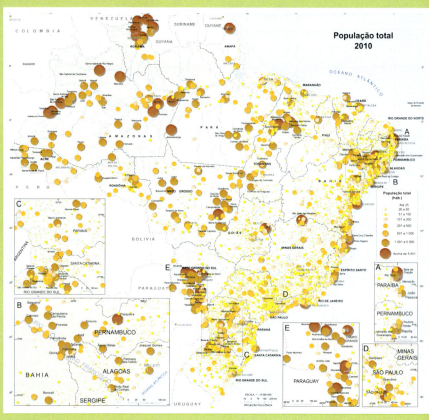

Distribuição demográfica da população indígena de acordo com o Censo 2010 (Fonte: IBGE).

manau. E no alto rio Negro, após as corredeiras letais, o reino do grande tuxaua Buopé e sua amada Kukuy.

Buopé, conquistador arawak, provavelmente da nação tariana, invadiu os sertões sombrios das fímbrias do escudo guianense, movido pelo amor e espírito de aventura. É a lenda heroica com possíveis fundamentos históricos mais antigos do rio Negro. Além de Buopé, no rio Negro viveu Izi, o grande herói formador e destruidor do matriarcado, assim como a figura trágica de Naruna, a última matriarca.

O rio Negro, que no século XIX seria chamado de "País Romântico" pelo cientista Alfred Russel Wallace, já mostrava esta condição exaltada desde os seus primórdios.

Mais tarde, com a chegada dos europeus, outras tantas figuras ensandecidas ou iludidas pela febre do El Dorado atravessariam suas águas. Como o alemão Philip von Huten, que perambulou nas brenhas brumosas do alto rio Negro, faminto e febril a ouvir fabulosos relatos dos índios sobre luxuriantes cidades perdidas cheias de palácios de ouro e esmeraldas, para morrer decapitado nas mãos dos espanhóis. Ou Sir Walter Raleigh, que ouviria deslumbrado as histórias das guerreiras ikamiaba, as amazonas, as mesmas histórias que seriam repetidas 200 anos depois para o cientista francês Charles Marie de La Condamine, e 300 anos mais tarde para o naturalista Spruce, mito recorrente na região do rio Negro, e a que o botânico J. Barbosa Rodrigues, diretor do Jardim Botânico do Rio de Janeiro, em 1899, tenta dar fundamento ao identificar os petróglifos e pinturas rupestres da região como sinais da tragédia das guerreiras exterminadas pelo fim do sistema matriarcal.

Mas o mundo da bravura guerreira não se circunscreve às ikamiaba, mas ao formoso tuxaua Ajuricaba, que moveu guerra aos europeus no século XVIII, e fez do médio rio Negro o seu campo de manobras predileto, especialmente porque, segundo diz a lenda, se encantava nas Anavilhanas, onde ainda hoje pode ser encontrado a remar sua montaria em caça de moça donzela ou captura de peixe-boi.

2
As ilhas de Jurupari

Não sabemos como os povos originários chamavam antes o rio Negro, ou como as Anavilhanas eram denominadas. Mas a qualidade do regime fluvial do rio Negro, a suavidade das colinas em suas margens e a terra fértil para a plantação aliada à ausência de pragas de insetos, já que as águas escuras trazem componentes químicos que não permitem a sobrevivência de larvas, sempre fizeram do rio Negro uma região atraente aos homens. Em matéria de caça e pesca não era (nem é) das regiões mais propícias, mas, para aqueles povos que já haviam atravessado a sua revolução agrícola, o sinuoso vale era uma perene tentação.

Segundo a tradição, o primeiro grande conquistador do rio Negro foi o tuxaua Izi. Talvez por volta de 1500 antes de nossa era, um jovem se levantou contra a ordem estabelecida e provocou uma revolução. Izi, também conhecido como Bisiu ou Jurupari, foi um importante legislador e imprimiu aos povos da região um conjunto de preceitos morais e políticos, garantindo a sua influência até os dias de hoje. Pode-se dizer com segurança que o rio Negro é a terra de Izi, ou seja, a região onde todos respeitam os preceitos do herói legislador.

Jurupari não é o nome verdadeiro dele, e muitos são os nomes que se empregam para invocar o homem-flauta que um dia, no princípio do mundo, derrotou o matriarcado e instaurou o poder masculino. Jurupari não é uma palavra do vale do rio Negro, é uma expressão privativa de um demônio tupi, disseminada pelos missionários católicos e que acabou se confundindo com o mais importante herói civilizador dos povos do rio Negro. Ainda como palavra tupi para designar um terrível demônio, ela chegou ao extremo norte e recebeu um novo significado, para além do espírito demoníaco. Eis uma recente interpretação do significado alterado:

> JURUPARI — do nheengatu. Substantivo próprio. Juru, grades; pari, boca. Grades sobre a boca, ou o segredo guardado sobre grades. A boca cerrada por um segredo forte como grades.

O demônio tupi, semelhante a um íncubo, depois generalizado como substantivo comum para denominar qualquer tipo de manifestação satânica, não possui nenhum parentesco com o herói do rio Negro. Izi para os tariana, Bisiu para os dessana, Doé para os tukano e Uizó para os cubéwa, ele é sempre um ente das plantas, o venerado pelas leis do casamento, pelo ensino do cultivo das plantas e por seu espírito de justiça na concepção de povos sem a propriedade privada. Um herói civilizador que veio e conduziu os povos do rio Negro, da horda selvagem à revolução agrícola.

Nas sociedades onde o mito se mantém vivo, o povo distingue dois tipos de narrativa. Primeiro, as histórias verdadeiras: são aquelas que tratam da origem do mundo, do nascimento dos homens, e nelas são protagonistas os entes divinos, celestiais ou astrais. Ainda são verdadeiras aquelas que relatam as aventuras do herói civilizador, como a de Jurupari: aquele que veio para redimir, transformar e libertar. Depois, vêm as histórias falsas: são as que contam as peripécias de animais e possuem um conteúdo profano, muitas vezes erótico ou cômico.

As narrativas da primeira categoria não podem ser contadas para estrangeiros ou a qualquer momento. Elas estão sempre vinculadas a complicados rituais e proibições. As da segunda categoria podem ser narradas para o deleite do povo e mesmo se tornam bastante conhecidas e apreciadas por suas peripécias, debochos e truques morais.

São as histórias falsas as mais divulgadas, e todos se acostumaram a entender a linguagem e o estilo do índio a partir da estrutura de linguagem simples e direta dessas narrativas. Já as histórias verdadeiras, menos conhecidas e ciosamente guardadas em segredo, possuem uma surpreendente linguagem e um estilo cuidado, pormenorizado e fluente, iluminando as manipulações de sentimentos, conceitos e as articulações dramáticas. Se o primeiro modelo de linguagem, muitas vezes repetitivo, com um vocabulário mais restrito, se associou ao falar literário (oral) indígena, o modelo de discurso das histórias verdadeiras nos revela um encanto sensorial a par de uma construção épica e grandiosa. Nas narrativas verdadeiras, há um rico cenário, bastante preciso e verossimilhante, e um primeiro plano de privilégios aos personagens e ao herói com gamas variadas de percepção psicológica, fantasia e ensinamentos.

Contam os antigos que um dia os habitantes da região foram atingidos por uma peste. A doença matou apenas os homens, poupando as mulheres. Desesperada, Naruna, a matriarca, decide levar as mulheres para se banharem num lago proibido, onde Ceucy do Céu, materialização da Constelação da Plêiade, vinha se banhar todas as madrugadas. Um velho pajé, que estava em transe no meio da aldeia havia 300 anos, acorda com o sacrilégio das mulheres. Movido pela força da tradição, ele rompe sua pele endurecida pelos temporais e renasce um jovem belo e viril, que mergulha nas águas do lago e, emitindo torrentes de esperma, engravida todas as mulheres.

Nove meses depois nascem as crianças geradas naquelas estranhas circunstâncias. E, entre elas, uma menina, muito bonita, o retrato na terra de Ceucy do Céu, parida pela própria filha da matriarca Naruna, e que por isso recebeu o nome de Ceucy da Terra.

Com o passar dos anos, a menina se fez moça. Era a paixão dos rapazes da aldeia, mas Ceucy não se mostrava interessada em nenhum deles. Brincava com eles, sorria, mas repelia se tentassem uma carícia mais íntima ou um abraço mais prolongado. Ao completar 16 anos, era a moça mais atraente da serra do Tenuí, com sua pele morena, os olhos inteligentes e grandes, uma voz harmoniosa que induzia em todos apenas afeição e carinho.

Um dia, Ceucy amanheceu em prantos. Não falou nada à mãe, apenas chorava, sem se alimentar, deitada em sua rede. Naruna, preocupada, vem visitar a neta, trazendo a melhor das curandeiras. E para seu espanto, a curandeira revela que Ceucy estava grávida, com quase quatro meses. E que a criança era sagrada.

De fato, Ceucy não estava grávida de homem, o que a deixava aterrorizada. É que certa manhã, ao passear nas redondezas da aldeia, deparou-se com uma árvore carregada de frutos que pareciam deliciosos e sumarentos. Sem conter a curiosidade e o desejo, Ceucy colheu os frutos e pôs-se a devorá-los, deixando que o sumo do fruto escorresse pelo seu rosto, por entre os seios e banhasse as suas partes mais íntimas. O resultado agora estava ali, vivo, no ventre da jovem.

Naruna, que conhecia os mistérios do mundo, sabia o que aquilo significava. Ceucy ia ter um menino, isto a matriarca tinha certeza. E este menino estava fadado a acabar com o poder das mulheres e instaurar o poder dos homens, e as mulheres seriam inferiores.

No dia que a criança nasceu, Naruna fez festa na aldeia, homenageando seu neto. Mas mandou que dois guerreiros raptassem a criança, substituíssem por outra, para que a filha não sofresse, e assassinassem o recém-nascido no mato.

Ceucy, sem saber da trama, amamenta o filho em sua rede e adormece. Ao acordar, descobre que o bebê desapareceu. Desesperada, temendo o pior, mobiliza toda a aldeia para uma busca na floresta. Durante três dias procuram a criança e não a encontram. Ceucy, desanimada, deita-se sob o copado de um jambeiro e adormece, cansada. É quando parece sonhar, ouvindo a voz de seu bebê e até dando de mamar a ele.

Ceucy agora compreende. Por algum motivo que ela desconhece, o menino ficou invisível, ainda precisa dela para um pouco de proteção e para alimentar-se. Por isso, deixa-se ficar ao pé do jambeiro, onde podia ouvir o filho chorar e, como todas as mães, atendê-lo em todos os desejos. Passaram-se os anos, o menino invisível cresceu, e um dia, veio aquele rapaz atlético, muito bonito, aproximar-se do jambeiro, tomar-lhe as mãos e levá-la a banhar-se no rio Negro. Era Jurupari.

O jovem Jurupari começa a reunir-se na floresta, longe dos olhos das mulheres, que estavam proibidas por ele de assistir a tais cerimônias. Uma noite Ceucy e um grupo de mulheres curiosas vão observar e são descobertas. O castigo de Jurupari é terrível: todas são mortas a flechadas, inclusive sua própria mãe.

Naruna, ao saber do matricídio, junta as mulheres e se retira para uma outra terra, longe de Jurupari. Antes de partir, Naruna ordena que todos os meninos sejam mortos, e declara o rompimento entre os sexos. Ali nascia a tribo das mulheres guerreiras, as ikamiaba, que um dia entrariam em choque com o espanhóis de Francisco Orellana.

Jurupari vai ensinando aos homens os novos preceitos, consciente de que um dia teria de enfrentar Naruna. Um dos preceitos exigidos aos seguidores da nova ordem é a vida casta. Até que tivessem atingido o grau superior, os discípulos de Jurupari estavam obrigados a se manter longe das mulheres e das tentações da carne.

Naruna, sabendo que se rompesse com este preceito poderia derrotar Jurupari, adota a tática de enviar as mulheres mais bonitas, na tentativa de seduzir o grande legislador. Uma delas, uma bela moça, seduz Ualri, o discípulo mais próximo de Jurupari. O efeito é devastador. A jovem, uma vez de regresso à cidade das mulheres, revela que o segredo de Jurupari consiste na descoberta do prazer, e descreve o seu encontro com o jovem Ualri como se fosse uma descida nas correntezas do rio Negro, entre pedras afiadas, até o santuário dourado das ilhas ao sul das grandes cachoeiras.

Naruna, então, convida Jurupari para um dabacuri, ou seja, para uma festa dos venenos, onde tudo era permitido. O grande legislador, que havia castigado Ualri, transformando o amigo na grande flauta ritual, aceita o convite e segue com os seus discípulos para a aldeia das mulheres.

Na primeira noite, é a própria Naruna que tenta seduzir o jovem e belo Jurupari. Naruna é ainda muito bela, de esplêndido corpo, mestra nas artes da sedução. Jurupari é levado para a casa de Naruna, e ali é deixado a sós com a própria avó.

Na manhã seguinte, Naruna é encontrada pelos seus amantes, ferida pelas flechas de Jurupari. Está morta, o corpo frio e começando a apodrecer, mas ela se recusa a deixar este mundo. Em transe, inventa que passou uma noite de amor inesquecível com o seu neto, mas os amantes exortam Naruna a partir para o outro mundo.

Num canto da aldeia das mulheres, Jurupari chora a morte de sua avó. A beleza do jovem atrai Diadue, uma garota de 15 anos, ingênua e pura. A menina acaricia os cabelos longos de Jurupari, pede que ele deixe de chorar. O grande legislador observa Diadue, toma-lhe a mão e, levantando-se, deixa a aldeia das mulheres e segue resoluto em direção ao sul. Caminharam na velocidade do vento, até chegarem à terra das muitas ilhas. Jurupari viu que sua companheira estava cansada, ata a sua rede e chama Diadue para passar a noite com ele. Se amam à luz das estrelas, velados por Ceucy do Céu, e na madrugada Jurupari se levanta e prossegue o caminho, agora sozinho, numa viagem em torno da terra. Diadue não segue com ele. Durante a noite, tomada pelo prazer, ela se derreteu num orgasmo e transformou-se num dos lagos da terra das muitas ilhas.

Segundo a lenda, Jurupari circula pela terra, de horizonte a horizonte, e uma vez a cada dez anos ele mergulha no lago Diadue, na terra das muitas ilhas, e relembra a sua amada.

Tudo tem contribuído para manter Jurupari rodeado pela incompreensão e pelo mistério. Os missionários católicos apressadamente o identificaram com o demônio e o condenaram. Observaram as festas violentas e orgásticas dedicadas ao herói matricida e o baniram. Da parte dos índios, o segredo foi mantido a todo custo. A incompreensão dos missionários acabou levando Jurupari à clandestinidade. Hoje sua gesta é comentada a meia-voz, e suas festas, celebradas nos locais mais inacessíveis. Das descobertas iniciais de Barbosa Rodrigues e Stradelli, somente Eduardo Galvão avança e ousa reconhecer na gesta uma intervenção sublime e não uma monstruosidade. Mas são avanços de circulação restrita, confinados a especialistas e que, de certo modo, elitizaram uma manifestação cultural e um fato abrangente na região amazônica. Jurupari está ainda sob o domínio de um círculo de especialistas, enquanto em seu mundo rege e participa vivo da tradição da maioria dos povos do rio Negro. E não é justo que uma figura de importância tão capital, com uma vida tão carregada de invenção, permaneça relegada à dupla clandestinidade.

Filho de uma fruta mágica de uma menina, matricida por imperativo de justiça, introdutor da agricultura, destruidor do matriarcado e iniciador dos segredos do sexo e do amor, eis o personagem de um manancial de cultura rico e diferente em sublimidade. Um herói tão extenso em sua ação que os dois campos do maravilhoso e da vida cotidiana estão ligados, inseparáveis, por sua sabedoria original. É que Jurupari, com a sua lição sobre os corpos, é o viver do rio Negro.

Há uma variante da narrativa do herói legislador Jurupari, ou Izi, que sintetiza ainda mais a estrutura em seu aspecto trágico.

Stradelli, que registrou o mito, ressalta a semelhança que existe entre esta narrativa de Izi e a narrativa quéchua do inca Roka. A tradição peruana conta que uma índia chamada Mama-Huaco teve um filho de rara beleza, que ela criou secretamente em uma caverna, de onde ele saiu homem-feito, coberto de um vestuário de ouro resplandecente. O nome dele era Roka, pois ele subiu ao alto da mais alta montanha e foi adorado, proclamando-se filho do sol. Os incas quando o viram o admiraram e o tomaram para seu chefe. Esta similaridade mostra a estreita relação cultural que havia entre o vale amazônico e o Tawantsuiu, o Império Inca.

O texto recolhido pelo conde Ermano Stradelli de seus informantes aruaque segue assim:

> Contam os velhos que no nosso princípio apareceu no rio Ukaiary um grande número de mulheres, acompanhadas de velhos já impotentes que já não podiam lhes dar filhos. Uma peste havia matado todos os homens, mesmo as crianças.
>
> Ficaram desesperadas por não terem mais filhos e por verem que assim se acabaria o mundo, não ficando ninguém em seu lugar.
>
> Apareceu-lhes um dia o feiticeiro que viera com elas e assim lhes perguntou:
>
> — Vocês estão tristes?
>
> — Sim, estamos tristes porque vemos que os homens estão impotentes e apesar de terem bebido o kangeruku não prestam.
>
> — Não fiquem tristes porque terão ainda descendentes.
>
> — Como? Como?
>
> Ficaram alegres.
>
> — Vocês vão saber. Primeiro tomem um banho.

Correram cantando para o rio e foram se banhar. Quando saíram da água o feiticeiro lhes disse:

— Agora vocês terão filhos, porque todas foram emprenhadas por Paitunaré, a Cobra Grande.

Depois de passados os dias elas apareceram prenhas e, no tempo da gravidez, todas as crianças nasceram. A mais moça foi a que teve a filha mais bonita. Esta criança cresceu. Quando cresceu tornou-se ainda mais bonita, e todos os rapazes queriam se casar com ela. Andando um dia pelo mato encontrou com uns macacos comendo frutas de Uaku.

— São bem bonitas estas frutas para se comer — pensou ela.

— Queres? — perguntou um macaco.

— Quero.

Os macacos atiraram as frutas, e ela provou uma.

— É boa!

Ajuntou uma porção, comeu muitas e deixou escorrer o caldo até chegar ao regaço de seu corpo.

Passou-se o tempo sem que aparecesse o sangue enquanto a barriga da moça crescia. Os rapazes perguntaram:

— Quem te emprenhou?

Eles perguntavam porque queriam matar o pai do filho dela.

— Tu não nos quiseste, pois agora vamos te matar se não nos contares quem foi que te emprenhou.

A moça respondeu:

— Não sei o que foi que fez a minha barriga crescer, eu só comi as frutas de Uaku.

— Verdade? O que fazer agora?

Depois de algum tempo, ela teve o filho.

À noite, quando foi dormir, o filho desapareceu. Ela se desesperou e procurou a criança por toda parte, mas não achou. Ao se aproximar do tronco do Uaku ouviu um choro de criança, porém não viu seu filho. Cansada, dormiu ali mesmo no toco do Uaku. Pela manhã, ao acordar, sentiu que seus seios estavam secos, a criança havia mamado durante a noite.

Todos os dias ouvia a criança chorar até chegar à noite, e de manhã tinha os peitos secos, porque a criança mamava. Assim era todos os dias.

Um ano depois a criança não chorou mais e os peitos secaram. E ela ouvia a criança brincar, rir, correr, mas não via quem brincava.

Os dias foram se passando.

Um dia apareceu-lhe o filho já homem, saindo fogo das mãos e da cabeça.

— Minha mãe, vamos para casa.

Todo o povo alegrou-se, correu para ele, e os anciões vieram ver o rapaz.

Quando os feiticeiros o viram o assopraram e deram-lhe o nome de Izi: "tu te originaste da fruta".

E o povo decidiu:

— Este será o nosso chefe. Nós o queremos para chefe.

Ele disse:

— Não posso ser vosso chefe, ainda não tenho a pedra nanacy para ser chefe, é a que está na Serra do Gancho da Lua. Ali o sol me dará um saquinho cheio de coisas que servirão para fazer magia.

E se foi para a Serra do Gancho da Lua.

Lá no alto da serra o sol lhe disse:

— Aqui está, meu filho, tudo quanto precisares acharás aqui. Aonde eu chegar tu chegarás e todos te ouvirão.

Contam que as mulheres queriam ir à serra buscar a pedra de chefe. Os homens também queriam.

Os feiticeiros então advertiram:

— As mulheres não podem pegar nessa pedra.

Começaram todos a brigar.

Izi tirou então do saquinho umas panelinhas e pôs no fogo até o breu ferver.

Quando começou a ferver, da fumaça saíram morcegos. Depois bacuraus, murucututus, jacurutus e outras aves noturnas.

Depois vieram outras aves, como andorinhas, gaviões, gavião-real.

O gavião-real, Izi o agarrou e disse:

— Gavião, leva-me à Serra do Gancho da Lua e me traz de volta para eu te soltar.

O gavião o levou à serra.

Chegando no topo da serra, achou a lua sentada.

A lua falou:

— Toma a tua pedra, recebe a tua nobreza, que com ela serás o chefe do teu povo. Reúne a tua gente e faz jejuar, que eu vou te ensinar como deves governar a tua gente. Aquele que te não obedecer mata.

Agora podes ir embora.

E Izi, obediente, foi embora.

Chegando, de volta, soltou o gavião-real.

Dizem que quando chegou chamou os anciões e os feiticeiros, contou a eles tudo quanto a lua havia dito e pediu que guardassem segredo, e desapareceu.

As mulheres, querendo saber o que Izi havia dito, foram procurar os velhos para enganá-los.

Quando anoiteceu, as moças mais sedutoras foram para a rede dos velhos e brincaram com eles para que contassem tudo. Depois, os velhos, cansados, dormiram, e quando acordaram não viram ninguém.

— Eu sonhei.

— Eu também.

— Eu também.

Começaram os velhos a conversar.

As mulheres, sabendo dos segredos de Izi, decidiram se fazer chefes.

Os homens também lutaram pela chefia.

Izi lançou o fogo que queimou os velhos tagarelas. Atirou as cinzas ao vento e das cinzas nasceram lacraias, plantas venenosas, sapos e cobras.

Izi reapareceu, mandou jejuar, açoitou os homens e as mulheres, correu atrás da mulher que havia revelado o segredo, e, para que não o divulgasse mais, a matou depois de ter tido cópula com ela.

Depois disso, fez a sua grande festa, reuniu quatro velhos, e proibiu as mulheres de participarem, sequer ouvir os cantos e as flautas.

Deu ordens novas e disse ao seu povo:

— Todas as mulheres que quiserem saber os meus segredos morrerão; todos os homens que contarem morrerão; vocês podem contar aos rapazes, porém não às crianças.

Depois de falar, chorou.

As mulheres mais curiosas, querendo saber, foram escutar.

Quando Izi acabou de falar todas elas morreram e se transformaram em pedras.

A mãe de Izi era uma das mulheres e virou pedra. Izi chorou por ela.

Depois disso, dançou para festejar o seu poder e a sua nobreza, subindo em seguida para o espaço. Vez ou outra ele vem passear aqui embaixo, em meio à mata.

Os anos se passaram.

Estavam um dia os rapazes debaixo do Uaku quando chegou um pajé camarada de Izi, que disse:

— Rapazes, vocês jejuem senão eu como vocês.

Contam os antigos que os rapazes se recusaram a jejuar. Então o pajé saiu da capoeira e os devorou a todos.

Dizem então que os pais dos meninos ficaram furiosos com o pajé e prepararam uma vingança. Fizeram muito caxiri e chamaram o pajé para beber com eles.

O pajé veio sem nada desconfiar e bebeu o caxiri, e riu e bebeu muito até ficar muito bêbado. Ficou tão embriagado que nem sabia se era dia ou noite. Os pais dos meninos, vendo o pajé tombando no meio do terreiro, disseram:

— Vamos fazer fogo para queimar esse pajé e nos vingar.

Então eles armaram uma grande fogueira, amarraram o pajé com cipó e tocaram fogo. O pajé ardeu e virou cinza. Quando a noite chegou, as cinzas se agitaram e delas nasceu um pé de Uatanhon. Ao amanhecer, o pé de Uatanhon estava bem grande e espantou os homens.

— Vejam, das cinzas do pajé nasceu esse pé de Uatanhon — gritaram os homens.

O pé de Uatanhon foi crescendo, crescendo até as folhas tocarem o céu. E pela seiva do Uatanhon subiu a alma do pajé na forma de um quatipuru.

Então, dizem que os homens, sabendo que aquele quatipuru era a alma do pajé que subira ao céu pela seiva do Uatanhon, puseram abaixo o pé de planta, dizendo:

— Agora a alma dele não desce mais. Só Izi.

Quanto a Izi, ainda é uma presença viva no extremo norte do Amazonas.

Em 1963, um daxea contou ao cientista Ettore Biocca: "Não faz muito tempo, durante um grande dabacuri, alguns maku estavam dançando e tocando instrumentos de Jurupari. De repente, apareceu um homem no meio deles, e disse:

— Como vocês estão alegres! Vim visitá-los nesta alegria! Faz tempo que vem se perdendo este costume, de que tanto gosto. Tudo isso vai desaparecendo e por isso todos estão tristes.

E o daxea explicou a aparição.

— Era bonito, tocava, era Jurupari."

3
Incas viajantes e o cacique Buopé

A lenda do tuxaua Buopé é menos fantástica que a narrativa de Izi, mas muito mais romântica. Segundo as antigas tradições orais, vivia no alto rio Negro uma moça muito bonita, chamada Kukuy. Era alta, esguia, morena, de olhos amendoados e cabelos tão negros quanto as águas do rio nas madrugadas de verão. Kukuy era casada com o tuxaua Karib, senhor daqueles rios e igarapés. Nos dois séculos que antecedem a chegada dos europeus, os karib empreenderam diversas expedições de guerra às ilhas do golfo do México, atacando povoações dos pacíficos arawak. Gente violenta e guerreira, praticantes do canibalismo, os karib deixaram as florestas densas da América do Sul e levaram o terror aos pacatos habitantes das ilhas. A chegada dos guerreiros do tuxaua Buopé ao país dos karib representava uma reação dos arawak. Enérgico, um atleta exímio e grande jogador de futebol, Buopé deveria estar com pouco mais de 20 anos quando entrou pelo rio Vaupés, que é a corruptela lusitana de seu nome, vingando as humilhações e as agressões sofridas por seu povo até então pacífico. Ao chegar à fímbria da Amazônia, divisando a imensa floresta que se estendia sem fim para o sul, o jovem Buopé ficou sabendo da beleza da esposa do tuxaua Karib. Duvidou do que ouvia, porque achava as mulheres karib sem atrativos, muito entroncadas e com o ventre proeminente como que estivessem permanentemente grávidas. Além do mais, os homens karib batiam constantemente em suas mulheres, deixando-as cheias de marcas e cicatrizes que as desfiguravam.

A opinião de Buopé mudou completamente quando, meio por acaso, e segundo alguns, num encontro deliberadamente arranjado pela beldade karib, o tuxaua se deparou com uma visão indescritível. Certa manhã, quando passeava nas proximidades de uma cachoeira, Buopé viu-se frente a frente com uma mulher que se banhava nua nas águas cristalinas que marulhavam a cair sobre pedras cobertas de limo verde. A jovem o encarou com altivez e, como que por um passe de magia, desapareceu. Uma outra mulher, mais velha e menos rápida, que estava sentada nas proximidades da cachoeira, revelou sob tortura a identidade da formosa cunhã. Era Kukuy, por quem ele agora estava apaixonado e por ela moveria montanhas.

Não demorou muito e Buopé conseguiu raptar Kukuy. Uma guerra terrível se abateu sobre o vale, e no final os tariana, sob o comando de Buopé, se tornaram senhores da região. Resíduos desse feito ainda podem ser encontrados na tradição oral, como a lenda de que Buopé se estabeleceu numa ilha das Anavilhanas e ali fez construir uma cidade fabulosa, com malocas de quartzo e cristais, chamada Manoa.

Sobre a guerra, Brandão de Amorim, em *Lendas em nheengatu e português*, de 1928, assim registra os sucessos lendários do amante da bela Kukuy:

Toda gente se lembra ainda como os tária guerrearam contra todos os povos d'este rio.

Buopé, tuhixaua de então, que tinha gente, gente como cabello, disse um dia, contam, os seus homens.

— Como não temos mulheres bastante para cada um de vocês ter sua mulher, para todos ficarem de coração doce, podem casar-se com mulheres de outras terras.

(...)

Já de tarde os tárias tinham matado todos os araras, só faltava Iauhixa, mulher d'elle e as mulheres.

Buopé entrou na casa de Iauhixa, ahi o encontrou com a mulher que estavam fechados no quarto.

Elle disse:

Iauhixa, nós estamos agora frente um do outro, vamos ver qual de nós é mais valente, é mais bonito assim.

Iauhixa lançou contra Buopé um curabi, errou.

Jogou de novo outro, errou.

Jogou de novo, terceira vez, errou.

Buopé disse então:

Iauhixa, tu não sabes matar teu inimigo!

No mesmo instante, contam, elle feriu Iauhixa com o murucu direito no pescoço, Iauhixa caiu sem vida no chão.

Como os Costumes de Iurupari mandam que ninguém suje sua frecha em sangue de mulher, os Tárias afogaram a mulher de Iauhixa.

Às outras mulheres Buopé falou assim:

Mulheres, não temam que alguem mate vocês.

Um dia, quando apparecer gente por esta terra, contem direito como os homens d'ella morreram.

Como Buope não tinha mais contra quem combater partiu d'ahi com sua gente.

Quando o outro dia chegou, os Tárias chegaram tambem na cidade d'elles, ahi Buopé disse:

Amanhã vamos começar a fazer uaióro (trincheiras), dentro d'ella havemos de fazer ipissarinon (fortaleza) para esperar nossos inimigos.

Quando acabaram essas obras Buopé juntou todas as suas cousas, levou para a gruta, ahi as escondeu.

Elle escondeu todas essas cousas para ninguem ter outras eguaes.

Um dos homens de Iauhixa, contam, pôde salvar-se, foi contar às outras gentes o que Buopé tinha feito.

Como os Uananas são cunhados dos Araras immediatamente se combinaram para vingal-os.

Três luas depois elles vieram para combater Buopé.

Buopé depois de esconder todas as cousas d'elle na gruta seguiu com toda a sua gente para a serra do Iurupari para esperar seus inimigos na fortaleza.

Um dia de madrugada elle viu os inimigos pelo tronco da trincheira, mandou logo trocano avisar que elle ia batalhar.

D'ahi a pouco os Uananas, contam, começaram frechando por cima da trincheira para a casa de armas.

Elles viram que d'esse geito não matavam ninguem, subiram para cima da trincheira.

Quando elles ahi já estavam grosso os Tárias os mataram todos de pedra.

O resto que estava por fora da trincheira os Tárias frecharam.

Escapou somente um homem, contam, por ter fugido por cima de uma sorveira.

Elle desceu d'ahi já de noite, seguiu pelo matto em direção da sua cidade.

Depois de alguns dias não podia mais andar de fome.

Esse homem tinha, contam, uma anta, seu xerimbabo (animal de estimação), essa anta andava todo dia pelo matto a procura d'elle.

Um dia em fim a anta o encontrou, elle, contam, lhe disse:

Meu xerimbabo, si tu fosses gente não deixariam eu morrer de fome, poderias ir buscar beiju para mim comer.

A anta, contam, voltou logo para a cidade, d'ahi a pouco trouxe beiju para elle comer.

Todos os dias ella ia roubar beiju, moqueado, para seu dono comer.

Como as mulheres Uananas esperavam seus maridos no dia seguinte ellas faziam caxiri deanteiro d'elles.

Como se passou a marca que elles tinham dado para chegar ficaram logo tristes, disseram:

Quem sabe nossos maridos já morreram todos, por isso não apparecem!

No mesmo momento deante dos olhos d'ellas aquella anta tirou um beiju, foi com elle para o matto.

Ellas, contam, disseram:

Esta anta sabe talvez onde está seu dono, vamos atraz!

Ellas fôram encontrar esse homem na beirada do ygarapé, junto d'elle a anta seu xerimbabo, ahi mesmo lhe disseram:

Conta ligeiro onde ficaram nossos maridos!

Morreram todos, escapei só eu, disse elle somente.

Depois de matar todos os seus inimigos Buopé mandou jogar o corpo d'elles no Ygarapé do Tapuru, onde apodreceram.

Tapuru, tapuru, contam, se gerou logo d'elles.

Quando veio a chuva esses tapurus correram para o rio a ponto de cobril-o

Aquellas mulheres, quando souberam que seus maridos não viviam mais, disseram:

Nós, mulheres, vingaremos nossos maridos!

Não pensem os Tárias que a gente Uanana se acabou na terra!

Nós, as mulheres Uanana, havemos d'ir pintar de vermelho este rio com o sangue d'elles!

As outras mulheres que tinham seus maridos na cidade disseram:

Nós havemos de ir todas com o resto de nossos homens!

Elas mandaram logo, contam, chamar os Dessanas, Arapassos, Cobeus, Tucanas, para guerrearem juntos contra Buopé, mas o tuxáus soube tudo o que se passava no meio dos seus inimigos, porque tinha espias que lhe contavam tudo.

Nos tempos antigos o rio Negro manteve uma estreita ligação com o Império Inca. No reinado do inca Huayna-Cápac, várias expedições foram enviadas ao território compreendido pelo alto rio Negro, rio Paporis e no Içana, estabelecendo um intercâmbio comercial e cultural. Segundo a tradição oral dos índios do alto rio Negro, os incas traziam joias de ouro, folhas de coca e tecidos de lã de vicunhas, que eram trocados por flechas envenenadas pelo curare, bancos de madeira, cestarias e pela famosa cerâmica adornada em negativo, orgulho daqueles povos. O Padre Casemiro Beckstá, linguista e antropólogo, certa vez mostrou aos tukano de Pari-Cachoeira uma ilustração de um imperador inca. Para surpresa do pesquisador, os índios não apenas reconheceram a figura, como nomearam todos os adornos do imperador inca utilizando os nomes quichua, evidentemente com a pronúncia adulterada. E isto em plena década de 1970, quando o Tawantisuiu estava morto havia quase cinco séculos.

Nas crônicas coloniais, encontra-se referência à floresta amazônica, região que os incas denominavam de Terra do Verão Constante, ou lugar aonde se vai moço e se regressa velho. As maravilhas do rio Negro, como as corredeiras enfurecidas do norte e o arquipélago mágico da Anavilhanas, sempre deixaram impressões profundas. Para os Conquistadores, as Anavilhanas pareciam esconder algo portentoso, que os índios relutavam em falar.

O rio Negro, bem como a bacia do Orenoco, foi integrado ao programa colonial espanhol em 1569, como resultado do movimento de expansão de grupos interessados na busca do El Dorado e do trabalho dos missionários, o que constitui um dos aspectos peculiares a essa parte da Amazônia, pela geopolítica que pôs em disputa o rio Negro entre as potências europeias que desejavam ficar com o norte da América do Sul. O sonho do El Dorado, se de um lado apontava para o planalto guianense, não havia quem apostasse que era na polinésia intrincada das Anavilhanas que se encontraria o lago de Ouro e a cidade de Manoa. O lago de Ouro era onde o tuxaua do reino do El Dorado se banhava anualmente, o corpo empoado de ouro. Uma comitiva de maiorais do reino prestava homenagens aos deuses, durante o banho do chefe, deitando às águas verdes do lago ídolos e peças de ouro maciço. Nas histórias que rondavam as mentes ensandecidas dos Conquistadores, o lago de Ouro continha riqueza tal que, se comparado ao ouro do México e do Peru, este não passaria de migalhas.

4
Nas brumas da História

O rio Negro recebeu esse nome, na manhã do dia 3 de junho de 1542, do próprio comandante Francisco Orellana, o primeiro europeu a atravessar toda a Amazônia, dos Andes ao oceano Atlântico. Orellana havia partido em fevereiro do ano anterior, sob o comando de Gonzalo Pizzarro, numa expedição que tinha como objetivo a posse de novos territórios. Desde as primeiras semanas a expedição sofrera pesadas baixas, porque chovia muito e a água enferrujava os equipamentos e limitava a visibilidade. Quase dez meses depois, eles não tinham conseguido sair do rio Napo, um afluente menor do rio Amazonas, não tinham muitas opções e o mais razoável teria sido voltar. Mas os espanhóis não estavam no Novo Mundo para serem razoáveis. Por isso, quando Orellana se ofereceu para embarcar num bergantim e descer o rio em busca de comida, Pizarro aceitou, mas advertindo que deveria regressar em 15 dias. Orellana partiu, e não teve outra opção que seguir em frente. Ao entrar no rio Amazonas, encontraram uma série de nações bastante populosas, com quem guerrearam ou confraternizaram. Ao batizar o rio Negro, estava informado que aquelas terras pertenciam ao tuxaua Machiparo, um chefe que não admitia estrangeiros e deu combate sem trégua aos espanhóis. O reino de Machiparo fazia fronteira com o reino da grande rainha Amurians, mas isto já é outra história.

O certo é que a denominação de rio Negro pegou, e nunca mais foi modificada.

Durante dez anos eu andei muito pelas Anavilhanas, e sempre me lembrava dos europeus errantes, febris, famintos e violentos, que haviam perdido a vida naquele labirinto de ilhotas, lagos, lagunas, praias de areia finíssima e igapós sombrios como sonhos ruins. Nos anos 1970, como membro de um grupo de teatro que realizava espetáculo pelas cidades da região amazônica, muitas vezes escolhíamos uma das ilhas das Anavilhanas para descansar. Amarrávamos a nossa embarcação, e ali desfrutávamos de feriados como os da semana da pátria, semana santa ou o carnaval. Pela manhã, bem cedo, pegávamos uma canoa e remávamos em silêncio, especialmente nos meses de rio cheio, que vai de abril a junho, visitando as terras alagadas com suas matas que pareciam ruínas de catedrais góticas submersas. Quando chovia, o mundo inteiro parecia ficar ensopado, as aves e os animais calavam, desapareciam, e ficávamos tiritando de frio, encolhidos no fundo da canoa. Mas depois, quando os primeiros raios de sol e a aragem do mormaço chegavam, o céu ficava azul, de um azul intenso e renascentista, num firmamento puro como uma operação matemática, numa paisagem como que saída de um tapete persa na vocação muçulmana da floresta amazônica, onde então apenas podiam florescer as criaturas engendradas pela imaginação humana, únicas a povoar aquelas águas sábias como espelhos de velhos alquimistas, criaturas incertas em seu caráter elementar, como todas as fantasias imaginadas pelas paixões e feitas para excitar os espíritos curiosos.

5
O REINO DO TUXAUA AJURICABA

Maurício de Heriarte escreveu, em 1665, como era a região do rio Negro:

> Habitada por inumeráveis pagãos. Eles possuem um chefe (...), que chamam de Rei, cujo nome é Tabapari, e ele dirige várias tribos subjugadas ao seu domínio e é por elas obedecido com grande respeito (...) As aldeias e gentes desse rio são grandes e suas casas circulares e fortificadas por cercas. Se esse território for colonizado pelos portugueses, nós poderemos fazer dali um império e poderemos dominar todo o Amazonas e outros rios.

De fato, o rio Negro era uma região densamente povoada, e por povos culturalmente bastante avançados. De acordo com o padre João Daniel, até 1750 foram descidos à força três milhões de índios do rio Negro:

Insuficiente dizer — escreveu João Daniel — que alguns indivíduos tinham mais de mil índios e outros tinham tantos que sequer sabiam os nomes de cada um deles.

A resposta dos índios foi exemplar. Em 1720 os portugueses começaram a falar do tuxaua Ajuricaba, a maior personalidade indígena da história da Amazônia. O mais autêntico e o mais querido dos heróis populares da Amazônia, Ajuricaba (Aiuricáua), embora figura histórica, é quase um mito alojado na esfera lendária, uma posição que deixa confortáveis os poetas, romancistas e dramaturgos, mas que é extremamente desagradável para os historiadores e cientistas sociais. A trajetória épica de Ajuricaba, tuxaua manau, praticamente imune por esta localização cediça e anônima que é o coração do povo, tem desafiado a argúcia dos estudiosos e escapado ilesa aos caçadores de amarelecidos documentos luso-amazônicos. E se as buscas de provas têm se mostrado infrutíferas, os artistas glebários não se mostram, por seu lado, muito fartos de imaginação, no que pese o justificado lamento do professor Arthur Cezar Ferreira Reis, de que a visão única e romântica do "Caudilho das Selvas" fora criada pela incontinência dos raros artistas que trilham o caminho ainda hoje impreciso de suas batalhas anticolonialistas.

O encontro entre sociedades tribais e o colonialismo na região amazônica tem representado ao longo dos séculos a mais cruel e acabada forma de fricção interétnica. No plano econômico, os colonialistas, ainda que se autodeterminassem civilizados, dependiam inteiramente de técnicas indígenas para a predação dos recursos naturais da região. O índio apresentava-se como superior pelo tirocínio da área e pela larga cultura acumulada em milenar seleção natural; ele tinha a posse efetiva da Amazônia, sabia ler e interpretar o encadeamento ecológico, organizara-se socialmente para viver naquele espaço. Neste sentido, os colonialistas eram os invasores bárbaros tentando expropriar das culturas indígenas o conhecimento necessário para a posse definitiva do vale. Do ponto de vista social, os povos indígenas, aparentemente separados pelos costumes tribais pulverizados em miríades de malocas, tinham se envolvido na área do rio Negro, um intenso e complexo intercâmbio tribal, canalizando este intercâmbio aculturador, no plano social, para uma vigorosa resistência ao branco invasor. O caso da liderança de Ajuricaba, tuxaua de um povo de alta linhagem na hierarquia, portador da magnífica cultura arawak, seria um exemplo típico desta resistência escudada ao nível social e político. Por isso, não foi difícil Ajuricaba, à época, e para surpresa dos portugueses, arregimentar praticamente todos os povos do rio Negro contra os europeus, excetuando os grupos karib, tradicionais inimigos. E mais, com o respaldo da massa indígena organizada para a guerra, Ajuricaba pôde desenvolver contatos para dividir os brancos, conseguindo armamentos com os holandeses, comandando a mais completa guerra de libertação da área. É curioso assinalar que, além da revolta generalizada de Ajuricaba, a outra revolução da Amazônia, a Cabanagem, também se respaldou na massa indígena e lutou contra o colonialismo. É que o índio, no cenário político, tinha lideranças capazes de mobilização escudada na supremacia cultural e econômica, embora sua tecnologia militar estivesse aquém da força invasora.

Diante dessa resistência bem orquestrada pelos povos da Amazônia, os colonialistas seriam obrigados a desenvolver uma deliberada política de extermínio. E por se encontrarem, na perspectiva econômica (de explorar os recursos naturais), social e política, inferiorizados aos índios, utilizaram o que tinham de melhor: a força militar. Todo o século XVIII seria marcado por essa política genocida, culminando com as reformas pombalinas, traço final dessa escalada que limparia das margens dos grandes rios as culturas dos omágua, dos marajó e dos povos do litoral do hoje estado do Pará. Essa mentalidade genocida deixaria uma sequela de peso nas políticas subsequentes, restando na Amazônia uma sociedade "civilizada" que no índio não encontrava mais do que ameaça e barreira aos seus desígnios.

O vale do rio Negro, mesmo com a derrota de Ajuricaba e a extinção dos manau, continuaria uma região problemática. Outros povos arawak, como os tariana, manteriam a resistência, impedindo o avanço e a intromissão dos brancos. Por isso, seriam também exterminados. Nem bem Ajuricaba tinha desaparecido nas águas da baía de Guajará, outro guerreiro já estava organizando uma rebelião, chamava-se Teodósio. Sobre este guerreiro, assim as crônicas portuguesas se reportam:

Um chefe de nome Teodósio — relata Alexandre de Souza Freire — foi preso em 1729 por temor de que ele fosse tentar substituir o lugar de Ajuricaba que já estava morto: ele foi mandado a Portugal com a recomendação de que fosse sentenciado à prisão perpétua.

Em 1757, outra rebelião violenta tem início no rio Negro, com os índios invadindo as povoações de Lamalonga e Moreira, ocupando a ilha de Timoni e, através de uma federação de povos diversos, enfrentando os portugueses. As duas cidades, Lamalonga e Moreira, seriam destruídas, mas os índios logo sofreriam a derrota. Durante o século XIX, vivem os brancos que para ali se aventuram em constante sobressalto. Ainda nos anos 1970, com todas as estradas de rodagem e poderosas missões católicas e protestantes, os jornais noticiam choques sangrentos em que o nome do tuxaua Maroaga, dos waimiri-atroari, era constantemente citado. No começo de 1996, os waimiri-atroari apresaram um barco e prenderam um suposto ecologista alemão, e sua comitiva, porque ainda hoje não permitem a entrada de brancos em suas terras.

O vale do rio Negro, sobretudo sua parte média e alta, é até agora uma área totalmente indígena. Assumindo o espaço político deixado vazio pelo extermínio dos arawak, os tukano estão exercendo a hegemonia, aglutinando os outros povos e zelando pelos costumes e leis de Jurupari. Embora acossados pela frente de expansão e pela ação obscurantista dos missionários salesianos, os índios começam novamente a se organizar, fundando cooperativas, sociedades civis e comunidades, libertando-se da exploração dos regatões e comerciantes. Até a educação alienada que recebem nas missões está sendo contestada. Em 1978, um velho tariana disse a um antropólogo:

> Pra que educação? Pra que estudar tanto? Oito anos? Os brancos, inclusive os missionários, trouxeram muitas necessidades para nós, desde a cabeça até os pés, do sapato até o chapéu. Impuseram a sua língua. Agora estamos amarrados e não podemos ficar sem isto.

Mas a invasão continua, mais insidiosa, demolidora, trazendo aparentemente coisas boas. Uma repetidora de TV começou a funcionar em São Gabriel da Cachoeira, levando aos índios o programa da Xuxa, as novelas e o *Fantástico*. Nesta mesma cidade, projetam a instalação de um hotel de luxo para o turismo internacional. A pista de pouso, utilizada pela Força Aérea Brasileira, vai ser um dia ampliada para receber jatos das grandes companhias nas linhas: Bogotá-São Gabriel-Manaus-Caiena-Paris. Cobiçam tudo, de minérios ao artesanato, enquanto o índio é reduzido à indigência, ainda que agora possa frequentar um Disco Club. Não é por outro motivo que o rio Negro foi a única área do Brasil onde a população diminuiu entre o censo de 1960 e o de 1970, segundo dados do Inpa, na proporção de 0,10 para 0,09, em termos de densidade demográfica. Para onde foram todos aqueles índios? Onde estão os filhos de Jurupari? O padre João Daniel, em seu livro *O tesouro descoberto no rio Amazonas*, no século

XVIII, revela que 1 milhão de índios foram descidos do rio Negro. Sabemos o fim que levaram...

As Anavilhanas não mostram em sua beleza esta realidade escondida, de uma história de encantamentos e de violência. Mas no espelho de suas águas ainda podemos ler, numa madrugada qualquer, na fímbria rubra do céu antes do sol pleno, a lição de Ajuricaba, oferecendo sua vida e a vida de seu povo em holocausto. A paisagem luxuriante, que parece esconder, aparentemente não deixará cair no esquecimento a vida do herói. O povo amazonense, ainda que isolado e dito sem memória, embora prontamente tenha esquecido o nome de heróis como Belchior Mendes de Moraes, teimou em manter vivo em seu carinho e em cada rua, no ar que se respira, na face da capital amazonense que, em sua desdita, coube preservar no nome Manaus o testemunho da tragédia.

Assim, caro leitor, se algum dia tiverdes a ventura de navegar nos labirintos da terra das muitas ilhas, guardai alguns minutos para celebrar o generoso arrebatamento de Ajuricaba, e ao ouvirdes o pio do gavião, é porque ele está cantando o comovido poema dramático que foi a saga dos povos indígenas que resistiram, resistem e resistirão sempre, dando-nos lições diárias de dignidade. Cada orquídea, ou ninho de pássaro. Cada peixe a saltar no dorso daquele rio de veludo, que seja como um encontro com a memória popular rediviva e uma homenagem à resistência. As Anavilhanas, lugar de refúgio e combate, devem ser sempre vistas com emoção, mas sobretudo com carinho, pelo grande Caudilho das Selvas.

6
Agonia e resistência

Segundo os principais historiadores, por volta da metade do século XIX, o rio Negro já estava totalmente despovoado. Os viajantes são quase unânimes em comentar a tristeza e a desolação de suas margens. Em 1851, o botânico Richard Spruce se encantou com as Anavilhanas, mas não deixou de registrar o seu espanto pela desolação da região. Entre São Gabriel e Manaus, encontrou centenas de cidades fantasmas, ruínas e abandono. Ficou tão impressionado, que chegou a propor que o rio Negro passasse a ser chamado de rio Morto. No ano seguinte, seria a vez de Alfred Russel Wallace, que se rendeu de amores pela paisagem, passou dias nos labirintos das Anavilhanas, mas também reconheceu a ausência quase completa de habitantes.

Naquele ano de 1852, um comerciante chamado Pereira e o capitão Severino reuniram um grupo de jagunços e atacaram um povoado baré nas imediações da cidade de Santa Isabel. Uma parte da aldeia foi subjugada, e eles voltaram com um homem e 20 mulheres e crianças amarrados, feitos prisioneiros. Surpreendidos na madrugada, muitos homens baré sucumbiram aos tiros dos criminosos, mas um número significativo acabou por escapar, remando suas canoas para as ilhas Anavilhanas, onde se esconderam.

O capitão Severino não tardou a sentir a vingança dos baré. Na manhã de 21 de junho de 1852, ele estava numa casa flutuante nas proximidades de Santa Isabel, quando um grupo de canoas cheias de índios cercou a casa. Pensando que eles vinham comerciar, senhor absoluto de seu poder de aterrorizar aquela gente, o capitão abriu a porta da casa, vestindo apenas uma calça, o torso nu, e perguntou o que desejavam. Foi imediatamente flechado e morto pelos baré, que também incendiaram a casa após amarrar os moradores para que não escapassem das chamas. Depois da ação, voltaram a se refugiar nas Anavilhanas.

Um mês depois, o comerciante Pereira regressou e ficou sabendo da tragédia. Reuniu uma nova tropa de matadores e, em duas canoas grandes, rumou para as ilhas. Rodou quase dois meses, e não encontrou ninguém. Até que no dia 4 de outubro de 1852, ele viu na praia de uma das ilhas, praia incipiente de areia das águas que começavam a baixar, o seu cachorro de estimação, que ele pensava ter morrido no incêndio da casa flutuante. Aproximou-se com cautela da praia, e mandou um dos homens pular em terra para resgatar o cão. Assim que o homem pisou na areia, caiu morto, atingido por um dardo envenenado. O comerciante Pereira sabia que eram os baré, pois este povo era exímio no uso da zarabatana, embora costumassem usar esta poderosa arma quase sempre para a caça.

Gritou para que as canoas se afastassem da praia, mas uma nuvem de dardos caiu sobre eles, fazendo enorme estrago. Em dez minutos tudo se resolveu e os baré deixaram seus esconderijos, beijaram e celebraram o cão que os havia involuntariamente ajudado, e capturaram as duas canoas.

Uma semana depois, o corpo do comerciante Pereira foi visto por uma família de índios hohodene, que contaram às autoridades de Santa Isabel o macabro encontro. De acordo com os hohodene, o corpo do comerciante estava amarrado de cabeça para baixo, numa sumaumeira, sem roupas e já muito comido pelos pássaros. De fato, assim o corpo foi encontrado pelas autoridades.

Vinte anos depois, a situação é ainda pior. Uma série de surtos de messianismos ocorrem no rio Negro, provocando ainda mais fanatismo e derramamento de sangue. Em 1875, quando atravessava a região, o cientista Theodor Koch-Grünberg mostrou-se escandalizado com a situação caótica e decadente das povoações. Sobre os surtos místicos, ele registrou a presença do místico Aniceto, um tipo que o cientista classificou de "vagabundo e hermafrodita (...), pequeno, feio e envelhecido". Aniceto era um dos tantos que se diziam um novo Cristo, refletindo o desespero das populações locais. E a situação parecia se perenizar, porque em 1880 o francês Henri Coudreau também registra os problemas legais criados pelo profeta indígena Vicente Cristo, um pajé arapaso que se dizia a nova encarnação de Yapericuli, o primeiro homem, que ele identificava com Jesus. Um missionário capuchinho, Frei Giuseppe Copi, que andou pela região na mesma época de Coudreau, descreve os índios baré como "um bando de bêbados, preguiçosos e vagabundos que vivem na imoralidade".

Nem todos traziam em seus olhos os preconceitos europeus em relação aos índios. Em 1883 chega ao rio Negro um dos mais ilustres de seus filhos adotivos, o conde Ermano Stradelli. Homem de porte elegante, cabelos louros e olhos azuis, com o rosto desenhado em seus traços finos e pelas barbas bem-cuidadas e o vistoso bigode, o conde Stradelli abandonou o seu palácio de Borgotaro, onde morria de tédio e pouco dinheiro, e partiu de Gênova para fazer a América. Escolheu a fabulosa Amazônia dos barões do látex, ele que era nobre de sangue. Chegou em Manaus e logo se estabeleceu como engenheiro, cartógrafo e agrimensor, ganhando muito dinheiro. Mas a sua maior curiosidade eram os povos indígenas, que ele logo conheceu e pelos quais se apaixonou, em prolongada viagem pelo rio Negro. Durante mais de 30 anos, Stradelli se esforça para conhecer em profundidade as línguas e culturas indígenas. É aceito como nativo pela maioria dos povos do rio Negro, com quem passava meses e meses em suas malocas, dormindo nas redes de tucum que lhe ofereciam, comendo das comidas que lhe davam e bebendo o caxiri nas festas das aldeias. Ele admirava a aparência nobre daquela gente, a vida de liberdade e a simplicidade de uma existência sem hipocrisias e ambições. Adorava as moças índias, com quem namorava e para quem escreveu versos.

Certa noite de luar, quando descia o rio Negro numa canoa, sozinho, ele mesmo a remar, viu fogueiras acesas numa das ilhas Anavilhanas. Era uma festa dabacuri, um congraçamento de bebidas, dança, canto e sexo, que durava vários dias. O cientista Spruce revela que participou de um dabacuri, mas não entra em detalhes. Stradelli também é muito discreto. Mas não será uma infidelidade se imaginarmos que ele viu, naquela praia de ilha, o mesmo que Nunes Pereira, em 1930, viu numa margem do Vaupés. Duas grandes fogueiras iluminavam a noite de luar, e Nunes Pereira aproximou-se silenciosamente, mas guardando certa distância. Os homens dançavam em filas, sob o ritmo das flautas japurutu, bebendo cuias de caxiri que eram trazidas pelas mulheres que lhes ofereciam a bebida e acariciavam-lhes os órgãos genitais, deixando-os túrgidos. Depois de dançarem horas e horas, e ingerirem muito caxiri, as filas se desfizeram e os homens foram para cima das mulheres, que correram para a praia e para o mato. Alguns casais logo se formaram, e deitavam-se na areia... Nunes Pereira confessa que teve vontade de aportar naquela praia, mas ficou com receio, porque a sua chegada podia despertar a ira dos homens embriagados pelos caxiri, e nessas ocasiões eles eram capazes de matar sem qualquer aviso. É provável que Stradelli tenha feito o mesmo, porque viveu ainda por muitos anos e não encontrou o mesmo fim do grande indigenista Kurt Nimuendaju, morto entre os tikuna no alto Solimões. De acordo com os próprios tikuna, foram os seringalistas que mandaram matar o Nimuendaju. Recentemente, a publicação de cartas do fundador da etnografia brasileira parece confirmar o fato. Numa delas, para Heloisa Alberto Torres, do Museu Nacional, dias antes de morrer, Nimuendaju conta que os seringalistas estavam enfurecidos com ele, acusando-o de estimular os índios a retomarem a terra.

7
O GRANDE CORREDOR CIVILIZATÓRIO

O rio Negro e seu vale, cortando perpendicular o norte da América do Sul, com o canal do Cassiquiare ligando à bacia do Orenoco, foi o grande corredor para as vagas migratórias das etnias que atravessaram o Caribe vindas do norte.

É um rio de muitas ilhas, mas apenas recentemente, com o desenvolvimento das técnicas de aerofotogrametria, é que começaram os estudos e, até mesmo, a nomeação delas. Em seu livro de 1895, *As regiões amazônicas*, o barão de Guajará assim escreve sobre o assunto:

> O número de ilhas semeadas n'este rio é crescidíssimo; entretanto não se encontra trabalho algum, nem mesmo um simples roteiro, em que ao menos o numero d'ellas seja indicado, e quando se encontram figuradas faltam-lhes os nomes.
>
> As Anavilhanas que constituem um verdadeiro archipelago a 26 legoas de distancia da confluencia

do rio Negro e Amazonas; acham-se estas ilhas dispersas em uma bahia de 4 legoas de largura proxima ao rio Anhuene na margem esquerda do rio Negro.

Mas ainda estamos longe de terem sido nominadas todas as ilhas do rio Negro, um rio que nasce nas regiões do Popayan, na Colômbia, aos 2 graus de latitude norte. Suas águas primeiro seguem a direção do leste, inflexionando-se para sul, cortando a linha equinocial, para correr outra vez para leste, antes de se dirigir para sudeste, para lançar-se no Amazonas. Sua foz é de cerca de quatro quilômetros, e a largura extremamente variável, chegando a ser vasta no curso inferior, por causa de seu extravasamento pelos igapós marginais e baías que vai formando, como acontece a poucas horas de viagem acima de Manaus. Estreita-se em São Gabriel, para se alargar outra vez. Pode-se dizer que o curso do rio Negro é de 1.551 quilômetros, perfeitamente navegável até Santa Isabel, a 423 milhas náuticas de Manaus. De Santa Isabel para cima, começa o trecho de corredeiras e cachoeiras, comprovando que a bacia superior do rio está fora da baixada aluvial da planície amazônica.

A correnteza das águas é de uma milha por hora, nos lugares mais largos, e nos estreitos aumenta para duas milhas. O rio tira o seu nome da cor dessas águas, que em pequenas porções, em um copo, parecem amareladas. As Anavilhanas é zona de sedimentação do rio Negro. Segundo Harald Sioli:

O arquipélago das Anavilhanas, formado por inumeráveis ilhas compridas, estreitas e quase sempre em forma de ferradura, é o mais grandioso de toda a Amazônia. Os sedimentos depositados ali, contudo, não são derivados das águas que chegam da cabeceira do rio, que apenas transportam areia do fundo e não material em suspensão em sua negra e transparente água. Estas ilhas foram trazidas pelo rio Branco, que fica turvo na época de cheia com sedimentos do sopé do Parima.

A situação das Anavilhanas na zona equatorial parece indicar que o clima é especialmente rigoroso. No entanto, um exame mais detalhado mostra que não é bem assim, por várias circunstâncias. Como o equador térmico, na sua inclinação para o hemisfério sul, não coincide com o equador geográfico, a temperatura é bem mais branda do que se imagina. Os limites da zona isotérmica passam ao norte, bem distante do arquipélago, fazendo Las Guayras, na Venezuela, ter um clima abrasador, enquanto nas Anavilhanas a noite é branda, com aragens leves. As águas são frias, porque o lençol de água, rolando em vultosa massa, não se deixa aquecer pela sua própria grandeza e pelo extravasamento dos igapós, o que contribui ainda mais para amenizar o clima. Quando vem a noite, como que para compensar o calor do dia, que marca no termômetro os 32 graus centígrados, a temperatura começa a cair, algumas vezes, nos meses de junho e julho, chegando a entre 18 e 20 graus centígrados.

As medidas anuais obtidas pelos serviços de meteorologia de Manaus, em dados coletados desde 1902, apresentam o seguinte quadro:

Máxima absoluta..........................38,6 centígrados
Mínima...18,8 centígrados
Média da temperatura.................28,2 centígrados

O clima da Amazônia, já dizia Euclides da Cunha, é um clima caluniado. É claro que não se deseja fazer a defesa do clima de Manaus, com suas ruas asfaltadas e milhares de aparelhos de ar-condicionado, que aumentam a temperatura do centro da cidade em um grau por ano e fazem de um simples caminhar nas ruas uma tortura insuportável. Aqui estamos nos referindo aos rios, aos paranás e igapós. O cientista Agassis assim se pronunciou:

> O clima de que gozamos causa-nos surpresas das mais agradáveis. Esperava sempre viver, desde que estivéssemos na região amazônica, debaixo de um calor aflitivo, ininterrupto, intolerável. Longe disso: as manhãs são frescas. Se realmente ao meio-dia o calor é realmente muito grande, ele diminui para as quatro horas; as tardes são realmente agradáveis e a temperatura das noites nunca é incômoda. Quando, mesmo no correr do dia, ela é mais forte, o calor não é sufocante; sempre uma brisa sopra levemente.

Wallace escreveu que o clima era delicioso:

> As manhãs e as tardes eram agradavelmente frescas e geralmente tínhamos uma chuva e uma brisa ligeira, que refrescavam muito e purificavam o ar, e é maravilhosa a frescura e transparência da atmosfera, a doçura balsâmica das tardes. Clima que não tive igual em nenhum dos países que visitei e que, aqui, pude trabalhar como nos meses quentes da Inglaterra.

Henry Coudrau declarou: "O Amazonas, clima e meio de certo modo idênticos, é um vasto mundo que não respira senão a riqueza e a felicidade."

Henry Bates, que esteve 11 anos na região, não se refreia nos elogios ao clima, declarando que ingleses, habitando a 20 e 30 anos, davam-se tão bem como no seu país natal.

Outro fator que torna o clima mais ameno é a chuva. Dizem que na Amazônia há duas estações, aquela em que chove todo dia e aquela em que chove o dia todo. O período chuvoso começa na parte meridional da bacia amazônica, caminhando para o norte, gastando nesse percurso cerca de seis meses, razão pela qual, enquanto os afluentes da esquerda vazam, enchem os da direita, alternadamente. E não poderia ser de outra forma, já que a bacia amazônica cobre uma área que se estende por 15 graus, de norte para sul, e que a Amazônia tem terras nos dois hemisférios. Nas vertentes da Bolívia, na planura elevada do norte do Brasil, as chuvas caem em setembro. Já na planura da Guiana, as chuvas caem em março. Nesse intervalo de seis meses, engrossam alternadamente os afluentes da direita e da esquerda. A baixada das águas dos rios assinala o começo do verão na linha média do vale, de junho a fim de outubro. As Anavilhanas estão nessa linha média. Mas as estações, que pouca diferença apresentam em termos de temperatura, caracterizam-se não pela completa ausência de chuva, mas somente pela diminuição e constância dos ventos gerais.

O índice pluviométrico acusa mais de 1.000 milímetros de precipitação entre dezembro e março, ao passo que entre agosto e novembro se reduz a pouco mais de 100. O chamado inverno é mais longo que o estio, e as precipitações atmosféricas acontecem em mais de 150 dias por ano, o que faz da região uma das mais chuvosas do planeta. E o fenômeno é em grande parte motivado pela própria evaporação dos grandes rios, já que apenas a sexta parte dessas chuvas chega do oceano.

> As chuvas — escreve o Dr. Alfredo da Matta — imprimem uma particularidade assaz interessante na climatologia do Amazonas; é também função característica no vale do rio-mar. Chove de janeiro a dezembro: daí a inexistência de estações no Amazonas, onde ocorrem duas grandes quadras, uma de chuvas abundantes e outra simulando seca. Este vocábulo não poderá ser aplicado com rigorismo, mas sim para assinalar que as chuvas não são numerosas nesta quadra, nem constituem bátegas longas com ligeiras estiadas.

O resultado de tanta chuva caindo e da forte evaporação produz no ambiente uma carga de umidade, que varia durante o ano. É mais intensa no inverno, sobretudo de dezembro a maio, do que no verão. Tratando-se de um solo cortado de muitos rios e lagos expostos ao sol, sujeitos aos ventos que arrastam uma parte da evaporação do oceano Atlântico, outro não podia ser o grau de umidade que tanto influi no clima da região.

A evaporação permanente provoca cerrações. Na região das Anavilhanas, as manhãs brumosas são mais comuns nos meses de agosto a novembro. Nestes meses, algumas madrugadas são tão nebulosas, a neblina é tão intensa que a roupa fica molhada, e a pele, úmida, como faria uma garoa fina.

No que diz respeito à salubridade do clima, vale citar as palavras do sertanista W. Chandless: "Percorri o Amazonas durante três anos e não tive febres; em poucos dias apanhei-as no Ohio."

8
Geografia e fantasia

Em 1976, aconteceu de passar com o meu grupo de teatro, o Teatro Experimental do Sesc do Amazonas, o carnaval no arquipélago das Anavilhanas. Estávamos ensaiando minha peça *A maravilhosa história do sapo tarô-bequê*, baseada num mito dos índios tukano, e fomos no barco *Dessana* com a intenção de encontrar uma boa praia, numa das ilhas da ponta sul do arquipélago, não muito distante da baía do Buiuçu. Chegamos no fim da tarde ao emaranhado de ilhas, que nos ilude como um autêntico labirinto de jardim inglês, só que com o risco de, se nos perdermos, gastar o combustível da embarcação e ficarmos à deriva. Escolhemos uma praia em forma de meia-lua, de areias muito brancas e repleta de ingazeiros. A ilha era bastante estreita, não mais de dez metros de largura, e era como caminhar sobre um grande cetáceo adormecido. A vegetação não era muito cerrada, com poucos cipós e trepadeiras, que são as espécies que realmente tornam espessa a floresta amazônica. Na falta de um nome, batizamos a ilha em homenagem a Sulan-panlãmi, o criador da humanidade, conforme o mito da criação mais abrangente do rio Negro. Mas uma coisa havia nos preocupado: algumas ilhas apresentavam porções de mata derrubadas, provavelmente por coletores de palmito, e muitas praias estavam sujas de latas de cerveja, garrafas e embalagens da Kodak. No domingo gordo de carnaval, um avião deu rasantes no nosso acampamento, e finalmente pousou na praia. Dois homens e três mulheres desceram e vieram perguntar se tínhamos cigarros. Fornecemos o que pediam, e um dos homens me disse que estavam procurando um lugar tranquilo para uma boa farra com as três mulheres. Pensei que bem podia ser uma evolução dos famosos dabacuris promovidos pelos baré nas ilhas do arquipélago.

Em 1964, meu pai foi trabalhar como coletor de rendas em Santo Elias do Airão, a velha sede do município, uma cidade fantasma e curioso conjunto arquitetônico, que guarda em suas fascinantes ruínas e no velho cemitério sinais do passado colonial e do ciclo da borracha. Em Santo Elias já não vivia mais ninguém em 1964, e meu pai havia sido designado para lá propositadamente, como castigo, por suas convicções políticas de antigo combatente sindicalista. Um comerciante, penalizado com a situação de isolamento e solidão do novo coletor de rendas, mandou um de seus filhos, um garoto de 12 anos, morar com o corajoso morador da cidade fantasma, que a credulidade dos ribeirinhos acreditava mal-assombrada. Segundo os ribeirinhos, na véspera de São João, os mortos do cemitério passeavam à meia-noite pelas ruas de Santo Elias, batendo seus queixos descarnados. A macabra procissão dirigia-se ao local secreto onde, nos idos 1835, fora enterrado o tesouro dos revolucionários da Cabanagem. Se um homem corajoso seguisse o cortejo sem ser notado, teria para si o tesouro, composto de barras de ouro retiradas dos cofres do governo do Grão-Pará.

Como meu pai não parecia ligar para essas lendas, e passara sozinho em Santo Elias, soltando rojões, a véspera de São João, foi considerado por todos um homem de grande coragem, talvez conhecedor até do lugar secreto onde o tesouro estava enterrado. E ganhou a confiança e o respeito de muitos dos moradores locais.

Apesar de tantas lendas e fantasias, o que mais impressionou meu pai foram as histórias dos caçadores de índios. Pelo menos dois, já idosos, contaram-lhe suas aventuras entre os baré e os waimiri-atroari. E em todas as pavorosas histórias de massacres, raptos e violações de mulheres e meninas, sempre aparecia o labirinto das Anavilhanas como local onde os corpos eram atirados, depois de abrirem as barrigas das vítimas e dali retirarem as entranhas, para que afundassem rápido.

Assim, em 1976, eu não sabia se me revoltava com as praias sujas de latas de cerveja, garrafas e embalagens de filmes, ou se considerava isto um avanço, já que havia muito não atiravam ali os cadáveres dos índios assassinados. De qualquer forma, era triste ver as praias daquela forma, cheias de copos e sacos de plástico, papéis velhos e até mesmo os restos enferrujados de um refrigerador dos anos 1950.

Os meus temores foram aplacados com a incorporação das Anavilhanas ao programa nacional de parques e áreas de preservação ambiental.

Segundo informações do Ibama, a Estação Ecológica de Anavilhanas foi criada pelo Decreto Federal número 86.061, de 2 de julho de 1981, com uma área de 350.018 ha. Está situada no nordeste do estado do Amazonas, entre as coordenadas geográficas 2 graus e 3 minutos e 3 graus e 2 minutos de latitude sul e 60 graus e 22 minutos e 61 graus e 12 minutos de longitude oeste.

A Estação abrange parte dos municípios de Novo Airão e Manaus. É formada pelo arquipélago de mesmo nome, com 100.000 ha e uma parte de terra firme, de aproximadamente 250.000 ha. Limita-se a noroeste com a ilha do Jacaré, ao norte segue o rio Baependi, ao nordeste limita-se com as margens esquerda e direita do rio Negro e, ao sul, chega até a ponta do Seringal.

A costa sul da Estação encontra-se a 40 quilômetros da cidade de Manaus, e a cidade de Novo Airão situa-se na margem do rio Negro, na porção mediana da Estação.

A principal via de acesso à unidade é o rio Negro, a 40 minutos da sede de Novo Airão (em voadeira com motor de 25 hp) e quatro horas até Manaus. Com o uso de barco regional demora-se para chegar a Manaus, aproximadamente, oito horas. O arquipélago constitui uma via fluvial transitável, com inúmeros igarapés, paranás e canais entre as ilhas.

Com a inauguração da estrada estadual Manacapuru-Novo Airão (AM-352), ficou bastante facilitado o acesso de Manaus a esta cidade e à própria Estação.

9
Miragens

O que me encanta nas Anavilhanas não é exatamente o espetáculo de animais e pássaros, mas a plácida harmonia entre águas e linhas de floresta. Para o espetáculo de animais e pássaros, há opções melhores, como atravessar, nos meses de junho ou julho, com um bom prático, o furo do Jacaré, que começa em frente à cidade de Parintins e vai até a cidade de Nhamundá, num espetacular conjunto de paranás e lagunas, repletas de nuvens de colhereiros, flamingos, corta-águas, garças e jaburus. Nos lagos e paranás, majestosas arraias, com quase 1,5 m, acompanham o barco como uma escolta de seres de outro planeta. Quando nos aproximamos da margem, milhares de macacos-prego agitam-se e saúdam os humanos com gestos fesceninos.

Nas Anavilhanas, a presença dos pássaros é mais discreta, a não ser as sempre elegantes garças. Como o rio Negro não tem a mesma riqueza de vegetação aquática do Amazonas, já que suas características químicas e falta de transparência da água não propiciam uma boa flora, apenas nas ilhas com igapó ocorrem comunidades herbáceas, que se tornam importantes nichos ecológicos para a reprodução de algumas espécies de peixes. Quanto à fauna, as Anavilhanas representam um ponto de transição ambiental entre a sub-região rio Negro-rio Orenoco, além de apresentar uma amostragem de animais típicos de floresta de igapó. Isto quer dizer que, embora os estudos ainda estejam no começo, provavelmente a fauna das Anavilhanas apresenta adaptações de comportamento condicionadas pelo ciclo das águas.

À medida que a cheia avança, as porções de terra ou espaço emerso dos igapós tendem a diminuir ou desaparecer. Isto reduz os recursos alimentares dos animais de terra, que buscam a sobrevivência através de migração seletiva, nadando entre as ilhas, ficando em estado de latência ou simplesmente buscando outros locais de alimentação.

Mas se a época das cheias é um período de provação aos animais terrestres, para a fauna aquática representa um período de fartura. Na época de cheia, os peixes e mamíferos aquáticos invadem os igapós das Anavilhanas, caçando os animais desafortunados que caem no rio, ou estão nadando em ondas migratórias. Como nessa mesma época um número significativo de plantas está frutificando, deixando cair seus frutos senescentes, a presença de cardumes é ainda maior. É nesse momento de cheia que a maioria das espécies de peixes desova nas partes inundadas da floresta, aproveitando a expansão da área de vegetação alagada como abrigo contra os predadores, além dos nutrientes naturais para o desenvolvimento de fito e zooplâncton.

Quando as águas descem, os peixes abandonam a área acompanhando a diminuição dos espaços inundados. A competição é maior, mas para os predadores é época de aumento de suprimentos. Algumas lagunas de interior de ilha, que na cheia se conectam com o rio, diminuem bastante na vazante, reduzindo-se muitas vezes a uma mera poça d'água onde os peixes lutam para sobreviver. O mais comum é ver essas poças pulularem de piranhas, famintas e desesperadas, nadando quase na horizontal. Vistas de uma certa distância, essas poças parecem ferver ao sol inclemente, mas é na verdade a constante agitação das piranhas. Na época das cheias, é muito comum encontrar, nas plácidas lagunas do arquipélago, peixes como o tucunaré, o matrinchã, o filhote, o tambaqui, o acará-açu, o pacu e o pirarucu. Botos, tanto os tímidos vermelhos quanto os sociáveis e exibicionistas tucuxis, não são raros entre as ilhas. O peixe-boi é mais raro, e em 20 anos nunca os vi pessoalmente naquelas paragens. Há jacarés, do tipo tinga e açu, mas até hoje só avistei nas margens pequenos e preguiçosos jacaretingas. E nas areias da praia, nos meses de junho e outubro, há o nascimento de tracajás, especialmente nas praias maiores.

Conforme o documento preparado pelo Ibama, do Ministério do Meio Ambiente e Amazônia Legal, a área reveste-se de particular importância por suas características biofísicas:

> A Estação Ecológica das Anavilhanas destaca-se por sua singularidade em relação tanto ao processo de morfomogênese das ilhas como à sua magni-

tude, constituindo o maior arquipélago fluvial do mundo. Também destaca-se pela sua representatividade na conservação de amostras típicas do ecossistema de águas pretas periodicamente inundadas, com adaptações específicas tanto de sua fauna como da vegetação, ressaltando a importância das inter-relações planta-peixe. Por último, a unidade também se sobressai pela raridade ao conservar uma amostra de vegetação de campinarana, ainda muito desconhecida e importante pelo número de endemismo e pelas adaptações à deficiência de nutrientes.

Não há ainda uma estrutura turística capacitada a explorar as potencialidades das Anavilhanas. Embora o governo do estado do Amazonas, através da Emamtur, a empresa estadual de turismo, mostre-se consciente das possibilidades de praticar o ecoturismo no interior do arquipélago, de forma que não coloque em perigo os ecossistemas que abrange, ainda não há nenhum serviço organizado em oferta no momento. Também o município de Novo Airão, que possui 80% de sua superfície dentro de alguma categoria de unidade de conservação, apenas olha como uma possibilidade a utilização das Anavilhanas como atração turística, o que trará um dia muitas melhorias aos habitantes daquele município.

Naquele carnaval de 1976, deixamos as Anavilhanas no começo da tarde. Mas não fomos muito longe, porque uma violenta tempestade caiu sobre nós, e o *Dessana* teve de ser amarrado aos troncos de umas palmeiras, até que a tormenta passasse.

Dizem que foi inspirado nas tempestades amazônicas que Deus moldou o talento de Richard Wagner. De fato, nada mais fascinante e aterrorizador que uma procela que em questão de minutos transforma aquelas águas amigas em vagalhões mortais. A chuva é quase sempre fortíssima, uma cortina compacta de água que parece querer unir o rio ao céu, varrendo do caminho tudo o que for sólido na fúria dos líquidos.

Quando a tempestade passou, o tempo clareou e rumamos para Manaus. O *Dessana* singrava na direção sudeste e ainda teríamos pelos menos três horas de labirintos e ilhas. Foi então que avistamos no horizonte, por sobre o copado das árvores e ocupando várias ilhas que se comprimiam na distância, a cintilar contra o céu meio carmim, a silhueta da cidade encantada de Manoa. Ali estava a imagem iridescente da cidade fabulosa do cacique Buopé, para onde ele levara sua amada Kukuy. Talvez num daqueles palácios, cujas torres altíssimas varavam as nuvens, morasse o encantado Ajuricaba. À medida que fomos nos aproximando, a miragem se desfez, escondendo mais uma vez dos pobres mortais a sagrada Manoa das esmeraldas gigantes.

Em Manaus, contei a visão a um amigo, pesquisador do Inpa. Ele me olhou um tanto surpreso com o meu entusiasmo, e me disse:

— Como você sabe, as miragens são imagens projetadas a distância pela evaporação da umidade, que faz com que a água se transforme numa lente — ele me explicou. — Provavelmente era uma projeção distorcida de Manaus.

— Com minaretes dourados — retruquei.

Ele sorriu e me respondeu:

— Pode ser também Manoa, como você quer.

PARTE 4

A modernização autoritária

1
INTEGRAÇÃO FORÇADA E EXTERMÍNIO

A maioria dos povos indígenas do Brasil vive na Amazônia. Falando cerca de 188 línguas diferentes, a população indígena do Brasil pode ser agrupada em quatro categorias distintas, considerando o nível e o grau de contato com a sociedade nacional abrangente.

1. Grupos isolados — são aqueles povos que conseguiram escapar do contato com a sociedade envolvente, habitantes de regiões de acesso difícil. São pouco numerosos, vivem plenamente o seu modo de produção, mas representam o elo mais frágil, já que um contato mínimo pode levá-los ao extermínio.
2. Grupos em contato intermitente — são aqueles que estabeleceram uma certa distância das frentes de penetração, mantêm contatos esparsos, não comerciam ou dependem da sociedade envolvente e continuam a proceder segundo o modo de produção tribal.

3. Grupos em contato permanente — neste grupo está representada a grande maioria dos povos indígenas do Brasil. São os grupos que ao longo da História estabeleceram diversas relações com a sociedade envolvente. Essas relações colidiram com o curso autônomo desses povos, romperam o equilíbrio do modo de produção tribal e criaram vigorosos laços de subordinação e dependência em relação à sociedade abrangente. Os povos em contato permanente vivem em constante conflito. Conflito de sua cultura original com a cultura da sociedade de classes. Conflito de seu modo de produção sem propriedade privada com o modo de produção capitalista. Conflito por verem o desabamento de seu mundo em troca de sua entrada na escala mais baixa da sociedade envolvente.
4. Integrados — é uma categoria discutível, mas representa aqueles povos que tiveram o seu modo de produção inteiramente quebrado e hoje vendem a sua força de trabalho como qualquer camponês ou operário. O fator étnico torna o problema da integração mais dilacerante, pois esses povos vão rapidamente desaparecendo, não por estarem assimilados à sociedade envolvente, mas porque desapareceram literalmente enquanto nação, enquanto cultura e até enquanto criaturas humanas. Na verdade, não existe integração possível, o que há é extermínio, genocídio, assassinato em massa.

Por estes motivos é que a consequência mais terrível da política dos grandes projetos impostos pelos tecnocratas da Ditadura Civil-Militar foi a expulsão dos camponeses e trabalhadores do extrativismo de suas posses e glebas, bem como a permissão para a invasão e integração forçada das etnias que a frente econômica encontrava pelo caminho. Milhares de famílias foram tiradas de seus lares e empurradas para a desagregação. Os conflitos de terra aumentaram de intensidade a partir de 1970, gerando focos críticos como a região do "bico do papagaio", no sul do Pará, ou os estados de Rondônia e Acre.

Mesmo após décadas, desde a democratização do Brasil, a situação das etnias é de permanente luta para garantir a posse de seus territórios tradicionais, que estão sendo invadidos com a expansão da frente econômica para o sul da Amazônia. Principais vítimas dos grileiros, pecuaristas e projetos agroindustriais, sem esquecer os gigantescos projetos hidrelétricos, os povos indígenas e seus aliados consideram que a luta pela terra é a luta fundamental para garantir sua própria sobrevivência.

Enumerar caso por caso das agressões aos territórios indígenas seria impossível nos limites deste trabalho. De qualquer modo, é preciso destacar alguns dos casos mais rumorosos e escandalosos, apontando os inimigos dos povos indígenas. Assim, vamos descobrir que os inimigos dos povos indígenas são os mesmos inimigos dos trabalhadores. Esses inimigos são o próprio governo brasileiro, em suas instâncias municipais, estaduais e federais, o grande capital financeiro, o latifúndio, as grandes empresas madeireiras, as grandes fazendas agropecuárias, as hidrelétricas, as empresas de mineração e as estradas.

O crescimento da organização desses trabalhadores mereceu um reforço no sistema repressivo, com ameaças, prisões, deportações e, finalmente, o assassinato puro e simples com a conivência da polícia. Centenas de líderes camponeses tombaram sob as balas dos jagunços, como foram os casos dos sindicalistas Wilson Pinheiro e Chico Mendes, no Acre. Além dos trabalhadores, os povos indígenas sofreram inúmeras agressões e violências. Os parakanã, por exemplo, perderam seu território para a Transamazônica e para a hidrelétrica de Tucuruí.

Vejamos o caso dos parakanã. Mais de 10 mil índios, pertencentes a 16 grupos diferentes — gorotire, kuben-kran-ken, menkronotire, karrao, assurini, arauetê, waimiri-atroari, tuxá, pankararu, truká, kaikang, guarani, xoleng, gaviões e parakanã —, perderam terras e foram expulsos de suas aldeias por construção de hidrelétricas planejadas pelo governo federal para gerar 100 milhões de quilowatts para alimentar grandes empresas multinacionais. O drama dos parakanã, tal qual as etnias que hoje sofrem na calha do rio Madeira, é representativo quanto às consequências das hidrelétricas para os povos indígenas.

Povo seminômade da região entre os rios Tocantins e Xingu, os parakanã se mantiveram relativamente isolados até o momento em que a Transamazônica desabou sobre eles como o inferno. Mais de 200 índios foram mortos, e em abril de 1979, 94% dos parakanã do Lontra foram atacados por uma violenta epidemia de gripe, em consequência dos contatos com os operários e demais invasores.

A Fundação Nacional do Índio (Funai) penetrou na área para "proteger os índios", mas em 1971 o médico Antônio Medeiros, visitando a aldeia parakanã do Lontra, descobre que dois agentes da Funai tinham contagiado 35 índias com sífilis. Como consequência, nasceram oito crianças parakanã completamente cegas. Além da gripe e da sífilis, muitas outras enfermidades foram introduzidas e provocaram mortes. Os fazendeiros também deram a sua contribuição civilizadora, envenenando dezenas de índios no rio Cajazeiras. Em 1976, mais de uma dezena de índios morreram de malária; em 1977, seis morreram de poliomielite e outros 16 foram sumariamente assassinados.

A situação era tão grave entre os parakanã, que representantes da Aborigine Protection Society, entidade formada por renomados cientistas, com sede em Londres, após visitar a aldeia parakanã, em 1972, concluíram que este povo estava em acelerado processo de extinção. Para que a construção da hidrelétrica de Tucuruí acontecesse, os parakanã foram transferidos quatro vezes para áreas diferentes, facilitando o trabalho das empreiteiras.

No Maranhão e norte do Tocantins, empresas multinacionais, como a Swift, Mineração Badin, Agropecuária América do Sul, invadiram território indígena. Em janeiro de 1979, os fazendeiros envenenaram um cacho de bananas, matando cinco índios guajá. Açúcar envenenado, roupas contaminadas, produtos químicos desfolhantes e tóxicos eram algumas das técnicas para eliminar os povos indígenas, segundo denúncia da regional maranhense do Cimi — Conselho Indigenista Missionário.

Durante a Assembleia-Geral do Cimi realizada em junho de 1979, em Goiânia, o bispo paraguaio Dom Alejo Obellar, depois de ouvir as atrocidades cometidas na região do Acre por agentes das empresas Copersucar, Manasa, Panacre, Colonizadora Itapiranga e outras, exclamou:

— Não é possível. Isso é um genocídio.

A invasão das fronteiras sul da Amazônia por grileiros sulistas, especialmente paranaenses, que já haviam destruído a cobertura florestal daquele estado, formava a grande frente de combate a serviço do grande latifúndio, apoiado pela ditadura militar e até mesmo pelos políticos de "oposição". Com o apoio explícito dos órgãos governamentais, como a Sudam, a Funai e o aparato de segurança, invadiram as terras indígenas expropriando-as pela violência, gerando conflitos tão ferozes que em muito empalideceram a própria história dos Estados Unidos no episódio da Conquista do Oeste.

Em Mato Grosso, empresas agropecuárias como Tapiraguai S.A., Bodoquena S.A., Xavantina S.A. tomaram pela violência as terras dos xavantes, bororó, tapirapé e karajá. Na mesma época os araweté e os assurini ficaram ameaçados pelo complexo hidrelétrico de Altamira. Em toda a Amazônia, os povos indígenas sofreram enormes abusos por parte do Estado brasileiro, tendo esses anos de desenvolvimento econômico representado o ocaso para diversas culturas.

Outro tipo de assalto contra os povos indígenas foi perpetrado durante a ditadura militar, através do modelo de ensino implantado pela Funai. Tratava-se de uma educação colonizadora, arrogante, que não se preocupava com o ensino bilíngue, nem mesmo com algum tipo de dosificação do uso da língua na sala de aula. Ministradas em português, as aulas seguiam um modelo de ensino que era o mesmo das grandes cidades brasileiras. Na verdade o currículo era aquele do sul do país, com exemplos que nada tinham a ver com a realidade das crianças indígenas. As mesmas matérias, os mesmos livros didáticos, a intromissão de conceitos etnocentristas e preconceituosos nas aulas de "moral e cívica". O objetivo dessa "escola" era converter o índio, destribalizá-lo, torná-lo um zumbi espiritual. Tal escola, onde chegou a funcionar, era uma fábrica macabra de caricatura de "civilizados", que iludidos migravam para as cidades onde integravam o contingente de mão de obra e acabavam marginalizados. Nos anos 1970, de acordo com pesquisa de professores da Universidade Federal do Amazonas, existiam cerca de 10 mil índios na triste situação de destribalizados, sem casa, sem família, sem língua, desmemoriados, verdadeiros zumbis.

Na gestão do coronel Nobre da Veiga, um dos criminosos que estiveram à frente da política indigenista da ditadura militar, a Funai recebeu centenas de agentes do malfadado Serviço Nacional de Informações (SNI), órgão de espionagem e repressão, que não estavam ali para saber se a coisa pública estava sendo bem administrada, mas para levantar e acompanhar a ação das nascentes lideranças indígenas e isolar os movimentos de resistência das forças políticas que os apoiavam. Esses agentes faziam rotineiramente trabalho de desinformação e intriga, além de listar os nomes dos líderes considerados mais perigosos. Estes, em geral, eram presos, torturados e assassinados. No entanto, a política de desinformação e calúnias não era menos inofensiva. Contra a atuação do Conselho Indigenista Missionário (Cimi), os arapongas do SNI/Funai espalharam que os missionários tinham obrigação de dar assistência material, construir ambulatórios, resolver essas necessidades que a omissão deliberada do poder público nunca soluciona, quando o trabalho do Cimi era bem outro, um trabalho difícil de fazer crescer a consciência do problema indígena junto aos próprios índios, sem paternalismo, sem imediatismo, no respeito à peculiaridade das nações indígenas. O mais grave é que a educação imposta aos índios era compartilhada por segmentos retóricos da sociedade civil, como as diversas missões evangélicas, na sua maioria norte-americanas, que escondiam seus interesses escusos em nome da evangelização.

Em 1974, o sertanista Porfírio Carvalho, então chefe do posto da Funai no Acre, decolou num monomotor de Rio Branco com a missão de resgatar um jovem índio que estava muito doente numa fazenda na fronteira com a Bolívia. Pousando numa clareira próxima à sede da fazenda, viu o doente ser trazido numa rede por dois homens, sendo que o líder do pequeno cortejo era um norte-americano, ainda na casa dos 20 anos, descabelado e desdentado, missionário da New Tribes Mission. Este homem entregou o doente, um adolescente, informando que o caso era perdido, pois se tratava de uma possessão diabólica. O corpo do índio estava ocupado por sete demônios, e que ele havia passado a noite exorcizando o índio sem sucesso. Como método de exorcismo, açoitara a vítima durante horas, quase levando o doente a óbito. Chegando em Rio Branco, o sertanista internou o doente no hospital, onde os médicos identificaram o demônio que possuía o infeliz índio: era uma hepatite. Pois bem, era este tipo de gente que fazia a política educacional da ditadura militar.

A luta de resistência dos povos indígenas já dura quase meio milênio, mas foi durante a ditadura militar que começaram a compreender a necessidade de se organizar para resistir à investida das frentes de expansão econômica que chegam para roubar suas terras, separá-los de seus meios de produção e transformá-los em mão de obra barata, exterminando-os dessa forma como povos e arrasando sua identidade étnica.

Em sua organização, guardando as especificidades históricas de cada povo, eles assimilam métodos de luta e mobilização dos movimentos sociais, dos trabalhadores e camponeses.

Em abril de 1974, foi realizada a primeira assembleia plurinacional dos povos indígenas do Brasil, em Diamantina, Mato Grosso, a primeira grande vitória na defesa dos povos indígenas no Brasil. Mas a 7ª Assembleia, realizada em Surumu, estado de Roraima, foi dissolvida pela Polícia

Federal a mando da Funai, dando início a um clima de repressão crescente contra a unidade e a organização dos índios. O líder da nação pareci, Daniel Matenho Cabixi, falando a respeito das "assembleias como armas de luta", destacou que elas estavam servindo como instrumentos para a apresentação dos problemas e a busca de alternativas para resolvê-los, além de permitirem a comunicação entre as diversas nações, criando condições para analisar a atuação da Funai e dos missionários.

Mesmo com a redemocratização do país, os povos indígenas continuam, na prática, sendo tratados como símbolos do atraso e empecilhos para o progresso. Neste momento, com a conivência do governo federal, preparam mudanças nas regras para a demarcação de terras indígenas; no Congresso Nacional, os ruralistas querem retirar do Executivo essa prerrogativa. Enquanto isso, os conflitos se intensificam, o mais recente em Humaitá (AM), a 675 quilômetros de Manaus, onde fica a reserva tenharim. Um índio foi morto, três moradores estavam desaparecidos e a sede da Funai foi incendiada. Tudo por causa de um pedágio cobrado pelos índios na rodovia que corta a reserva.

No jornal *Correio Braziliense*, o líder indígena Marcos Terena fez duras críticas ao governo: "O governo não sabe o que está acontecendo, só toma conhecimento depois que explode o conflito." Segundo ele, a Funai está acéfala, virou obsoleta e não há interlocutores preparados para lidar com conflitos. "Em Humaitá, quem é o negociador? O ministro da Justiça (José Eduardo Cardozo) mandou a polícia. A questão indígena virou caso de polícia! É a política que o Chile adotou contra os índios mapuche. O governo brasileiro está usando a mesma metodologia."

Terena concedeu a entrevista por telefone, da aldeia terena de Aquidauana, em Mato Grosso do Sul, onde nasceu há quase 60 anos. Entrou na Funai como piloto. Foi fundador da União das Nações Indígenas. Na Eco-92, organizou a Conferência Mundial dos Povos Indígenas sobre Território, Meio Ambiente e Desenvolvimento. É o idealizador dos Jogos dos Povos Indígenas e do Festival das Tradições Indígenas.

> A gente precisa analisar a questão por três ângulos — disse Marcos Terena —, um é o do colonizador clássico, que é conservador e continua retrógrado em relação ao índio do novo milênio; outro, é a visão assistencialista e paternalista do governo brasileiro, que também é conservadora; o terceiro, é a dinâmica natural e progressiva dos povos indígenas, que é quase invisível. Diante das circunstâncias do ser humano, o índio tem transformado as invasões culturais e econômicas — como hidrovias, hidrelétricas, novas cidades etc. —, que representariam uma catástrofe étnica, em nova perspectiva de luta e sobrevivência. Esse processo está sendo digerido pelos líderes tradicionais, que chamamos de autoridades, e que o sistema colonizador transformou na figura caricata de caciques. São pessoas que muitas vezes nem falam português, vivem na selva, preservam a cultura e estão muito atentas a esse processo.

Tanto a questão dos índios quanto os conflitos fundiários indicam que o modelo de desenvolvimento foi direcionado deliberadamente para uma ocupação territorial por parte de proprietários não residentes na região, além de representarem a tendência de os projetos agropecuários predominarem sobre os industriais, o que significa a negação da Amazônia aos seus próprios habitantes. No final, esses grandes projetos acabaram por se tornar um esforço governamental para tentar fazer a indústria nacional sair da crise que se abateu a partir de 1981, provocando na Amazônia apenas um espasmo capitalista.

2
A INSTITUCIONALIZAÇÃO DO GENOCÍDIO

As práticas brutais contra os povos indígenas não são parte exclusiva do processo de conquista e colonização dos primeiros europeus. No alvorecer do século XX, explode na região um dos maiores escândalos envolvendo grandes empresários locais e internacionais. A revelação da natureza dos negócios de Julio Cesar Araña no rio Putumaio envolveria diversas figuras dos meios financeiros de Londres, inclusive membros da Câmara dos Comuns.

Walt Hardenburg, de Illinois, Estados Unidos, estava com 21 anos quando decidiu se aventurar pela selva amazônica, acompanhado de um amigo. Quando descia o rio Putumaio, foi apanhado por um destacamento policial peruano, recebendo o conselho de se afastar daquela área. Hardenburg seguiu o conselho como pôde, atravessando para o Napo, até se ver envolvido na disputa de fronteira entre colombianos e peruanos. Ao ficar alguns dias na localidade de El Encanto, uma das sedes da Companhia Peruana do Amazonas, o jovem aventureiro teve a oportunidade de conhecer o tratamento desumano dispensado aos índios uitoto que trabalhavam na coleta de seringa, com torturas, fuzilamentos, castigos corporais brutais, privação de alimentos, prostituição infantil e violação de mulheres. Hardenburg sofreu agressões e ameaças de morte, mas teve a sorte de deixar o Putumaio, que ele batizou de "paraíso do demônio". Em Londres, publica suas denúncias no *Truth*, jornal que se tornara famoso por revelar as mazelas da sociedade eduardiana.

O outono de 1909 é ocupado pelo escândalo amazônico. As denúncias de Hardenburg, ainda que contra-atacadas pelo poderio econômico de Julio Cesar Araña, abala os ingleses. A Companhia Peruana do Amazonas tinha muitos empresários ilustres entre seus investidores na Inglaterra, e a comprovação de que praticava atrocidades contra indefesos indígenas atingiria reputações em Londres, Lima e Manaus. Deixaria em maus lençóis o ministro britânico do Exterior, Sir Edward Grey, baixaria uma sombra de suspeita sobre a Câmara dos Comuns e provocaria quedas na Bolsa de Londres.

A sociedade europeia encontraria no escândalo do Putumaio um excelente artigo de consciência, trazendo para a arena a Sociedade Antiescravagista e de Proteção de Aborígenes, ainda sob a direção do legendário reverendo John Harris, que oito anos antes divulgara a monstruosa atuação do rei Leopoldo da Bélgica em seu feudo na África Central. O governo britânico, para acalmar a crescente inquietação do público, nomeia o diplomata Sir Roger Casement, outra figura ligada às revelações da África Central, para investigar o caso do Putumaio.

Quando a história completa chegou ao conhecimento público, com todos os pavorosos detalhes colhidos por Casement, o governo peruano foi obrigado a tomar uma atitude, remetendo um navio de guerra ao Putumaio, com juízes a bordo, levando mais de 200 mandados de prisão. A 5 de novembro de 1912, a Câmara dos Comuns deu o golpe final nos negócios de Araña e seus sócios, mandando apreender os arquivos da Companhia Peruana do Amazonas e abrindo um inquérito.

A repercussão do escândalo do Putumaio provocou inúmeras reações. O duque de Norfolk estabeleceu um fundo, em Londres, para a criação de uma reserva indígena no Putumaio. Os alemães boicotaram a compra da borracha oriunda do Putumaio. O governo peruano criou um Serviço de Proteção aos índios, nos moldes da experiência de Rondon, e o papa recomendou aos bispos da região que procurassem ajudar os povos indígenas e ampliassem o trabalho missionário. É importante assinalar, para comparação com outros casos semelhantes, que todas essas medidas serviram para dar celebridade ao duque de Norfolk, a Roger Casement, ao próprio Hardenburg, mas influiu muito pouco na vida dos índios do Putumaio.

A crescente preocupação com a expansão para a Amazônia da frente econômica nos anos 1970, que expôs as populações indígenas às doenças, sofrimentos e morte, levou muitos cientistas sociais a publicar diversos estudos sobre a questão, responsabilizando os projetos da ditadura militar brasileira para a região. Um dos mais importantes foi o ensaio do antropólogo Shelton Davis, *As vítimas do milagre*, que não pôde ser editado no Brasil. A reação da ditadura foi proibir a entrada do autor em território nacional. O estudo de Shelton Davis, no entanto, marcou um momento na história da antropologia dos povos indígenas da América do Sul, ao expor a estreita cumplicidade entre órgãos do Estado e grupos econômicos multinacionais na composição do modelo de desenvolvimento aplicado na Amazônia, que expropriava sistematicamente recursos dos povos indígenas, que não eram os únicos mas os mais fracos e desprotegidos. Os projetos megalomaníacos dos militares brasileiros vitimizavam as populações tradicionais da região, os migrantes pobres do Nordeste e milhões de famintos e miseráveis das grandes cidades do sul do país. Os sofrimentos causados aos mais fracos e excluídos se agregavam ao começo das agressões ao meio ambiente, gerando a reação em cadeia que levaria ao inexorável processo de aquecimento global e mudanças climáticas catastróficas no planeta.

O certo é que em quase todas as partes da Amazônia os projetos de desenvolvimento baseados no regime da segurança nacional causaram danos irreparáveis aos povos indígenas, levando alguns à extinção. O mais grave é que os militares e tecnocratas, aliados aos grandes capitalistas, não foram os únicos responsáveis; também antropólogos e jornalistas contribuíram para que a situação se agravasse. Dois casos, entre uma lista de horrores perpetrados contra as populações indígenas, ilustram a ação dos projetos desenvolvimentistas, projetos esses que não escondiam seus posicionamentos ideológicos no campo da Guerra Fria.

No Brasil, desde o final dos anos 1950 as acusações contra Serviço de Proteção aos Índios (SPI) apareciam na imprensa, mas nenhuma investigação era levada a efeito. A questão indígena era tratada com sensacionalismo, como o casamento de um sertanista com uma índia, a Diacuí, ou as espetaculosas missões de "pacificação". Os escândalos e os rumores foram se acumulando, até que em 1967 o ministro do Interior, general Albuquerque Lima, ordena uma investigação. O resultado é um documento de 5.115 páginas, em 20 volumes, que afirmava ter "encontrado evidência generalizada de corrupção, sadismo, que ia desde o massacre de tribos inteiras por dinamite, metralhadora e pacotes de açúcar com arsênico, ao rapto de uma menina de onze anos para servir de escrava sexual de um sertanista". O relatório fazia uma extensa descrição de como latifundiários e sertanistas do SPI usaram armas convencionais para exterminar muitas aldeias, mas também praticaram guerra bacteriológica ao introduzirem entre as tribos da selva amazônica o sarampo, a gripe, a varíola e a tuberculose. O relatório revelava os métodos usados pelos latifundiários e os sertanistas para infectarem os índios: enviavam um mestiço doente para o meio das aldeias. Os povos indígenas por não terem imunidade para essas doenças morrem em grande número e rapidamente.

Surpreendeu a todos que um general da ditadura militar, num período de censura violenta, abrisse ao mundo o conteúdo de um relatório tão chocante. Mas o general Albuquerque Lima era uma exceção, pertencia ao núcleo nacionalista do Exército e não concordava com a total subserviência do país aos interesses internacionais, especialmente no caso da Amazônia. Por isso, não apenas divulgou amplamente o documento, como abriu as portas do Brasil para que comissões internacionais viessem ver com os próprios olhos as medidas que estavam sendo tomadas para coibir os absurdos e dar boas condições de vida aos índios. E mais: extinguiu o SPI e criou a Funai; mandou punir com severidade todos os funcionários e seus cúmplices nos atos criminosos e convidou a Cruz Vermelha Internacional para monitorar a situação. Infelizmente, em 1970, com a ascensão ao poder do novo ditador, Emílio Garrastazu Médici, a corrente nacionalista de Albuquerque Lima perde influência e em seu lugar entra o coronel José Costa Cavalcanti, que declarou ter horror a coisa de índio, pois dá azar. Para provar que não estava brincando, decidiu gastar 500 milhões de dólares na construção da rodovia Transamazônica.

Desde os anos 1950, ainda na ditadura de Vargas, os tecnocratas federais sonhavam em cortar a Amazônia com estradas de rodagem. Em seu discurso de lançamento da Transamazônica, o ditador Emílio Médici declarou que:

> (...) o problema da Amazônia é que precisa ser conhecida. Para isso é vital que a façamos mais acessível e mais aberta. Assim, a política de meu governo será primariamente direcionada para realizar um gigantesco processo de integração com o duplo objetivo de colonização e exploração.

A construção da Transamazônica trouxe graves consequências para os povos indígenas, ao simbolizar a abertura da região para outras rodovias, símbolos da pujança do milagre econômico. Enquanto os planos dos tecnocratas e dos militares ganhavam contornos megalomaníacos, uma orgulhosa etnia vivia sua vida cotidiana de caça e pesca nas selvas do médio rio Negro, no estado do Amazonas. Eram os waimiri-atroari, do ramo caribe, que se estabeleceram no território que vai do rio Mapuera, no estado do Pará, aos rios Urubu, Jatapu e Uatumã, afluentes dos rios Negro e Amazonas. Povo orgulhoso de suas tradições, com uma cultura perfeitamente integrada ao mundo da floresta tropical, os waimiri-atroari escreveram com bravura uma das mais belas páginas de resistência e perseverança de toda a história da Amazônia. Nenhuma etnia lutou tanto nos tempos recentes para defender seu território. Os embates sangrentos entre índios e brancos foram endêmicos no rio Negro. Os waimiri-atroari repeliram sempre com violência os brancos que trespassavam sua terra, e há um extenso registro de choques e mortes por quase todo o século XX. Geralmente, os embates se davam nos meses do final do ano, quando os brancos entravam para colher castanha, sangrar as seringueiras e caçar jacarés e onças. Mas a história dos conflitos com os waimiri-atroari é longa. Em 1663 uma missão religiosa entra pelo rio Urubu e é massacrada. Uma expedição punitiva, comandada por Pedro da Costa Favela, queimou 300 aldeias, assassinou 700 índios e aprisionou 400. Nos 200 anos seguintes os waimiri-atroari, mesmo em desvantagem tecnológica e militar, conseguiram manter seu território e recusaram a presença de missionários. Em 1942, durante a batalha da borracha, mais uma vez o território é invadido por seringueiros, com o apoio do governo, como parte do esforço de guerra. O SPI abre um posto no rio Camanaú e tenta atrair os waimiri-atroari. A resposta foi um ataque fulminante ao posto, que não deixou sobreviventes. Em fevereiro de 1943, outra tentativa do SPI é rechaçada, com mais 11 mortos. Impossibilitados de dobrar a vontade dos waimiri-atroari, seguem-se mais duas décadas sem maiores confrontos, apenas escaramuças entre algum ribeirinho mais ousado, que se aventurava em busca de coletar castanha e acabava encontrando pequenos grupos de índios, resultando em mortes anônimas que as densas florestas esconderam.

Até que a ditadura militar decidiu construir a estrada BR-171, atravessando por inteiro o território dos waimiri-atroari. Tal qual a Transamazônica, que ia do nada a parte alguma, a BR-171 pretendia ligar Manaus à Venezuela, uma rota que mesmo hoje, quase quatro décadas depois e apesar de todo o processo de globalização, é uma rota absolutamente sem interesse econômico. A estrada serve para transportar mercadoria para o estado de Roraima (a maior parte do comércio continua sendo feita pela rota do rio Negro e rio Branco, ou por via aérea), mas é muito mais utilizada por turistas que vão para as ilhas Margarita. Apresentada à imprensa em 1968, desde o começo os militares do 6-BEC (Batalhão de Engenharia) estavam encarregados de executar a obra. O processo de atração e tentativa de pacificação dos waimiri-atroari começa imediatamente, envolvendo diversos órgãos federais, como a Funai, Incra, DNER, DER-AM, o Batalhão de Infantaria da Selva e a Igreja Católica através da prelazia de Roraima. Os sertanistas da Funai avaliavam em 3 mil índios habitando a área, e com este número trabalharam. Baseavam-se em levantamento realizado pelo sertanista Gilberto Pinto, que participou de uma festa entre os waimiri-atroari e teve a pachorra de contar os participantes. O processo de atração não foi bem-sucedido e resultou em tragédia. A expedição do padre João Calleri, missionário italiano, à época com 34 anos, foi massacrada em 1968, supostamente na maloca do cacique Maroaga. Em janeiro de 1973, quatro funcionários da Funai são mortos em ataques dos waimiri-atroari. No dia 18 de novembro de 1974, quatro operários que desmatavam um terreno são atacados e mortos, numa ação dos waimiri-atroari que ficou conhecida como o "massacre dos maranhenses". No dia 28 de dezembro, sob a liderança do cacique Maroaga e seu aliado, o cacique Comprido, os waimiri-atroari atacam o posto do Alalau II e matam o sertanista Gilberto Pinto. Segue-se um período de trégua, em que os índios desaparecem.

Àquela altura o cacique Maroaga era uma celebridade na imprensa brasileira, o chefe de um povo que vivia na Idade da Pedra, que usava armas rudimentares, desafiava o poder do Exército brasileiro. Maroaga era pintado como um assassino frio, possivelmente um homem branco, um bandido venezuelano que se refugiara no Brasil e ganhara a confiança dos índios. Na verdade, Maroaga era um waimiri-atroari, um grande chefe, um homem sábio. Ainda cheio de vigor em seus 60 anos, Maroaga era de natureza afável, gostava de conversar sobre pescarias e caçadas, agia com paciência, controlava os mais arrebatados e preferia a diplomacia à ação. Negociou sempre com aqueles poucos brancos em quem confiava, mas jamais arredou o pé. Nunca aceitou missionários religiosos em suas aldeias e sempre rechaçou a influência da civilização. Num dos momentos mais intensos dos combates dos waimiri-atroari contra a construção da estrada, Maroaga chegou a atacar um subúrbio de Manaus. Depois da morte de Gilberto Pinto, nunca mais foi visto, e não se sabem as circunstâncias de sua morte. Também o cacique Comprido, que era mais jovem que Maroaga uns 20 anos, foi alvo de campanha difamatória e procurado como criminoso.

Para os militares, os waimiri-atroari eram quistos a serem removidos do caminho do progresso. De acordo com a ideologia da Segurança Nacional, todos aqueles que tentassem impedir a consecução dos objetivos nacionais permanentes eram inimigos e deveriam ser eliminados. Comprido não durou muito mais que Maroaga e provavelmente morreu numa das epidemias de sarampo que grassaram na área após a inauguração da estrada BR-174. Os waimiri-atroari, que os sertanistas tinham estimado em 3 mil indivíduos, caíram para menos de 332 pessoas. Era a vitória da civilização contra aqueles bárbaros seminus. Após a série de ataques dos waimiri-atroari, suas aldeias foram atacadas por aviões e helicópteros das Forças

Armadas brasileiras, as populações trucidadas com metralhadoras de grosso calibre e granadas. As lideranças foram caçadas e eliminadas. Há suspeitas de que o padre Calleri tenha sido morto por agentes do Serviço Nacional de Informações, órgão de espionagem do governo brasileiro. E, como se não bastassem os ataques aéreos e as ações isoladas que surpreendiam as aldeias, cuidou-se de completar o serviço negando aos waimiri-atroari o tratamento adequado nos casos de epidemias. As autoridades médicas, tanto federais quanto estaduais, negaram-se a atender aos apelos dos sertanistas da Funai, sob o pretexto de que não havia hospitais em Manaus para cuidar do grande número de doentes. Mais uma vez a guerra bacteriológica fazia seu trabalho junto a um grupo de indígenas do continente americano, aproveitando-se da deficiência imunológica desses povos quanto às moléstias de origem eurasiana.

Os trabalhadores da estrada trouxeram uma série de moléstias desconhecidas dos waimiri-atroari, como a gripe, a tuberculose, o sarampo e as doenças venéreas. A partir de 1974, as epidemias começaram a dizimar em massa os índios, tornando desnecessários os ataques com arma de fogo. Em 1987, quando do levantamento da cota de inundação do reservatório da hidrelétrica de Balbina, os técnicos localizaram oito malocas em ruínas. Alguns índios que acompanhavam os técnicos disseram que todos haviam sido mortos pelo exército. Nunca se apurou nada.

Os waimiri-atroari ganharam a guerra. Sua reserva foi reconhecida e demarcada, a estrada só pode ser usada durante o dia e até hoje não aceitam missões religiosas. Há escolas nas aldeias e seu idioma é ensinado por professores nativos, em cartilhas e livros didáticos em waimiri-atroari, para crianças e jovens que saberão conviver pacificamente com a sociedade nacional.

Na mesma época e quase simultaneamente, os ianomâmi, parentes dos waimiri-atroari pelo ramo caribe, estavam passando por um assalto que, se não era semelhante, resultou igualmente em morticínio.

Em 1968 foi publicado nos Estados Unidos um livro de antropologia que se tornaria um grande best-seller, *Yanomamo: The Fierce People*. O livro venderia 4 milhões de exemplares, tornando o seu autor, Napoleon Chagnon, o antropólogo norte-americano mais famoso do mundo. O livro contava a vida em guerra permanente de um povo da Idade da Pedra, que bem podia ser o último representante de como era a humanidade na Pré-História. O povo ianomâmi, definido pelos relatos do antropólogo como sinônimo de agressividade, ganhou fama instantânea.

Napoleon Chagnon era discípulo do grande geneticista James Neel, do Departamento de Genética Humana da Universidade de Michigan. James Neel foi contratado no final dos anos 1960, pela Comissão de Energia Atômica dos Estados Unidos, para comparar os genes mutantes entre os sobreviventes de Hiroshima e Nagasaki, usando os ianomâmi como grupo de controle. A pesquisa buscava entender o desenvolvimento natural de genes mutantes em seres humanos, além de preencher as lacunas dos estudos em animais de laboratório e em pessoas. Um dos resultados do programa foi o estabelecimento dos padrões de radiação nos Estados Unidos. Mas para conseguir seus objetivos era preciso retirar grandes quantidades de sangue dos ianomâmi, em troca de pequenos objetos, como facas e panelas. Os cientistas estavam particularmente interessados na reação do organismo ianomâmi diante das pressões de doenças e de como estas e as guerras dizimavam as populações. O dinheiro abundante abriu as portas da Venezuela para os cientistas norte-americanos, e em 1968 os ianomâmi experimentaram a primeira epidemia de sarampo de sua história. Coincidentemente, a epidemia começou exatamente após James Neel mandar inocular os índios com vacinas que, se eram aprovadas para aplicação em crianças americanas saudáveis, eram contraindicadas para pessoas imunocomprometidas e populações indígenas. O resultado foi a morte de 20% da população ianomâmi da Venezuela. Não podemos esquecer que na época a população ianomâmi era de 25 mil indivíduos.

Os ianomâmi, do ramo linguístico caribe, representam a maior sociedade aborígine ainda intacta do planeta, com uma hierarquia social tênue, nenhuma metalurgia e organizados em grandes casas comunitárias circulares, chamadas "shabono". Quase não possuem objetos pessoais, plantam em terrenos que desmatam e queimam, mas a maior parte de sua subsistência vem da caça e da coleta, tal qual a humanidade fazia na Pré-História. Vestem-se de forma sumária, as mulheres com uma cinta de algodão e os homens com um fio onde amarram o pênis. Seus costumes incluem a prática da guerra ritual, que é única entre as demais etnias da Amazônia, mas o índice de homicídio é um dos mais baixos. Até o sangue ianomâmi é diferente. Eles possuem um gene mutante exclusivo, não encontrado em nenhum outro grupo humano, além da ausência do fator Diego, o antígeno encontrado nos povos mongoloides, incluindo todos os povos indígenas das Américas. É bem provável que a origem dos ianomâmi seja asiática, mas a pele é clara, e os olhos, cinzentos, o que já lhes deu o apelido de índios brancos. Uma das hipóteses diz que os ianomâmi são descendentes dos primeiros caçadores paleolíticos que atravessaram o estreito de Behring 15 mil anos atrás. Na apresentação de seu livro *The Fierce People*, Chagnon classifica os ianomâmi como "brutais, cruéis e traiçoeiros", gente cuja moral é a antítese dos ideais da civilização cristã e ocidental. Nas páginas de seu livro o antropólogo acredita estar fazendo uma viagem no tempo, ao passado remoto da humanidade, afirmando que os ianomâmi representavam o modelo primitivo de fazer guerra, estrutura econômica e competição sexual. Quando Chagnon começou suas pesquisas em 1964, a região onde viviam os ianomâmi era praticamente desconhecida, o que parecia atrair todo tipo de gente excêntrica, em busca de um povo único ainda não tocado pela civilização. Um antropólogo alemão, do Instituto Max Plank, cometeu suicídio enquanto fazia trabalho de campo. O naturalista norte-americano Charles Brewer, que amava armas e brigas, aliou-se aos garimpeiros e organizou festas com celebridades do porte de um David Rockefeller e Margot Hemingway em meio a aldeias ianomâmi. Outro antropólogo, de nacionalidade francesa, teve de ser desarmado e amarrado, após um surto psicótico. Napoleon Chanon, sob o efeito de alucinógenos, fez-se passar por um poderoso pajé, negociando uma mulher com um dos caciques ianomâmi. E o discípulo de Claude Lévi-Strauss, Jacques Lizot, antropólogo da Universidade de Paris, após viver 30 anos entre os ianomâmi, publicou ensaios revelando as inovações sexuais de alta sofisticação daquele povo altamente erótico. Na verdade, era Lizot que cultivava uma intensa vida sexual entre os selvagens. O sofisticado francês, que era considerado um dos maiores conhecedores do idioma ianomâmi, contribuiu também para enriquecer o léxico, pois em muitas aldeias a palavra para coito anal é Lizo-mou, ou seja, "fazer como o Lizot".

O impulso que gerou a chegada de Napoleon Chagnon às aldeias ianomâmi partiu de uma convicção errônea do grande geneticista James Neel. Em 1938, Neel explicou como o cabelo ruivo era herdado, e logo ganhou fama internacional ao descobrir o gene da talassemia, uma forma fatal de anemia que ataca pessoas de descendência grega ou italiana. O aspecto brilhante de James Neel foi a constatação de que o gene era uma mutação positiva contra a malária, abrindo o campo de estudo para a dinâmica da doença e a seleção natural. Ele poderia ter recebido o prêmio Nobel, não fossem suas ideias eugênicas e racistas. Para ele, a sociedade democrática, ao conceder liberdade de reprodução, assistência aos fracos e desvalidos, viola a seleção natural. Em Michigan, fez campanha para abortar fetos com defeitos físicos, afirmando que impedir o nascimento de aleijados daria uma economia de 75 mil dólares por indivíduo ao Estado. Mesmo pequenos defeitos, perfeitamente tratados pela atual medicina, deveriam ser abortados, para não degradarem o patrimônio genético da humanidade. O mais curioso é que, enquanto os eugenistas viam como ápice da criação os brancos e louros europeus, os arianos, Neel considerava os povos indígenas os verdadeiros representantes da raça pura. Em 1957, ele visitou os xavante, no Brasil Central, e concluiu que ali estavam aqueles que caracterizavam os ancestrais da humanidade, que haviam otimizado através de muitas gerações a seleção dos mais fortes e os mais aptos. A partir de então, passou a buscar na genética a resposta para as suas inquietações, perseguindo a ideia de isolar o gene da liderança, aquele que daria a base biológica da liderança. Cabia em sua teoria os povos indígenas como os ianomâmi, porque ele acreditava que seus líderes lutavam pelo controle do maior número de mulheres, e que essas lutas selecionavam o gene dos mais aptos a sobreviver. Por isso, em populações tão pequenas, o gene da liderança tinha mais chances de se reproduzir, tal qual entre certas espécies de macacos o macho alfa afasta os outros machos de seu harém. Napoleon Chagnon, que vinha de uma família muito pobre e lutou com dificuldade para fazer seus estudos, também desenvolveu posições de extrema-direita. A teoria de Neel está ilustrada na antropologia de Napoleon Chagnon. O lema dos anos 1960 era "faça amor, não faça a guerra", mas para Neel e Chagnon os ianomâmi provavam que para fazer amor era preciso fazer a guerra. Para esses apóstolos da Guerra Fria e do anticomunismo, os ianomâmi formavam uma explicação perfeita para o caráter natural do comunismo. Os ianomâmi, ao guerrearem por mulheres, provavam que mesmo numa sociedade sem propriedade privada havia hierarquia. Para completar o quadro, tal qual os ianomâmi, os violentos comunistas iam acabar vencendo, caso a democracia continuasse tolerando que os jovens cabeludos se drogassem e evitassem lutar na guerra do Vietnã.

James Neel nunca conseguiu isolar o gene da liderança, e Napoleon Chagnon foi completamente desmoralizado. Estudos posteriores mostraram que os ianomâmi nem de longe são os povos mais agressivos da Amazônia, e que os dados de Chagnon eram fabricações grosseiras e suas conclusões eram distorcidas pela ideologia. Pior, na ânsia de provar que a estrutura populacional dos ianomâmi era totalmente ditada pela seleção natural, uma sociedade dominada por agressivos e polígamos chefes, que raramente chegavam aos 50 anos, constituía um exemplo a ser seguido, Neel e Chagnon quase levaram seus modelos à extinção. Para provar que a salvação da humanidade estava nos cromossomos dos ianomâmi, eles inocularam vacinas de sarampo do tipo Edmonston A e B. Estas vacinas não eram indicadas para uso entre pessoas com o sistema imunológico comprometido ou populações indígenas. O sarampo era a doença perfeita para o experimento, já que é a mais universal das moléstias, e tem sintomas uniformes muito fáceis de diagnosticar. Doença de massas, o sarampo ataca 100% nas áreas onde não é endêmico, conferindo depois imunidade para o resto da vida. Chagnon poderia ter utilizado a vacina Schwarz, disponível na época, que estava sendo indicada para uso em populações indígenas. O problema é que só a velha Edmonston trazia um vírus ativo, que se aproximava do vírus selvagem do sarampo em todos os sintomas. Centenas de ianomâmi morreram em 1968, a epidemia seguindo os passos dos cientistas. Tal qual o regime nazista, Neel e Chagnon registraram todas as suas atividades, gravando, fotografando e filmando. Os ianomâmi foram a etnia mais filmada e fotografada dos anais da antropologia, mas em 1993 a juíza venezuelana Nilda Aguillera expulsou Chagnon e seus comparsas das terras ianomâmi. O escândalo gerou círculos concêntricos, começando nos morticínios no meio da floresta até os altos escalões da política venezuelana. O pronunciamento militar intentado pelo coronel Chávez, que cercou o palácio do governo com tanques e teve seu quartel-general atacado por aviões de combate, trazia entre os seus motivos o escândalo dos ianomâmi.

Terence Turner, antropólogo da Universidade de Chicago e especialista em Amazônia, assim se expressou sobre o caso:

> Não temos o direito de condenar os garimpeiros, os militares, os missionários ou os governos da América do Sul, se não tivermos a coragem de olhar o papel que os nossos próprios antropólogos desempenharam no caso da tragédia ianomâmi.

3
Sustentabilidade: ciência ou slogan publicitário?

É muito comum hoje se falar no conceito de desenvolvimento sustentável; até mesmo a linguagem da publicidade utiliza o termo para vender seus produtos. Esvaziado de seu significado mais profundo, o termo rapidamente se transformou num jargão que parece tudo explicar. Para os formuladores do conceito, a questão da sustentabilidade é crucial para a sobrevivência da Amazônia, já que com o caminho que o processo de ocupação econômica está seguindo nada restará da selva como hoje a conhecemos. No caso da Amazônia, que é um ecossistema muito volátil, embora guarde a maior diversidade de espécies vivas que o planeta já teve em qualquer era, o avanço das frentes destrutivas tem configurado uma catástrofe, queimando e passando a motosserra em espécimes que jamais chegaremos a conhecer. O planeta Terra tem cerca de 4,5 bilhões de anos e pode seguir por mais 5 bilhões de anos. Os planetas do sistema solar são estéreis, somente nossa Terra criou organismos e fez evoluir vida inteligente. Mas nas próximas décadas do século XXI, veremos desaparecer milhares, talvez milhões de espécies. A maioria das vidas que se extinguirão estão na Amazônia, que também será destruída tanto como selva quanto como ecossistema. Mesmo que não se aceitem visões pessimistas e apocalípticas, é preciso compreender que em pouco mais de uma geração este quadro se cumprirá. O fim da Amazônia arruinará o solo, mudará o clima em escala global e resultará numa extinção mais radical de espécies que a que ocorreu no período Cretáceo, 64 milhões de anos atrás. Naquele passado remoto, a colisão de um corpo celeste com a Terra escureceu os céus e matou 50% das espécies existentes. A vida vai resistir e sobreviver à doença capitalista, como sobreviveu ao impacto do asteroide. É neste quadro de iminente catástrofe que se inscreve a teoria do desenvolvimento sustentável.

A primeira regra da sustentabilidade, seja no seu aspecto econômico, social ou ecológico, é a que diz que o meio ambiente deve se manter através dos tempos com as mesmas características fundamentais. Este parece ter sido o caso da relação estabelecida pelos povos indígenas com a Amazônia, mantendo o equilíbrio por meio das práticas de sistemas tradicionais que se desenvolveram em milênios de seleção natural. Infelizmente não há dados para se julgar o quanto a natureza mudou com a intervenção indígena, mas é possível inferir que o bioma se ajustou sem traumas ao manejo das sociedades tribais. É certo que a natureza tem sua dinâmica própria e se transforma mesmo sem a intervenção humana, mas no caso da Amazônia, nos dias de hoje, há poucos lugares que não foram desequilibrados pela pressão das frentes econômicas, exercendo transformações brutais na região. O que leva à segunda regra que enuncia uma taxa de uso dos recursos naturais renováveis abaixo de sua taxa de renovação. O problema desta segunda regra é que ela contradiz a natural demanda das sociedades humanas e a lógica do sistema capitalista, que nada tem a ver com demanda natural. Vale dizer que no cálculo da produção, fabricação e comercialização dos produtos deveriam estar computados os valores dos recursos naturais, na mesma proporção dos insumos e do capital variável. Provavelmente a aplicação desta segunda regra colocará em xeque a terceira, que propõe ao sistema econômico uma rentabilidade razoável e estável através do tempo, para que o manejo sustentável continue atraente para aqueles que nele se engajam. Não é por nada que alguns dos exemplos de sustentabilidade se dão em comunidades pré-capitalistas, com pouco ou nenhum contato com as economias das nações abrangentes ou com o mercado internacional. Porque os produtos destas comunidades se sustentam economicamente, mas não seriam rentáveis se inseridos no mercado capitalista, os projetos de sustentabilidade limitada podem ser exibidos como uma vitória.

Como ressalta Allan A. Wood, professor do Instituto Amazônico de Investigações Imani, da Universidade

Nacional de Colômbia, em Letícia, em seu ensaio "La búsqueda de sostenibilidad en los sistemas productivos amazônicos":

> Seria mais correto considerar que a sustentabilidade econômica parte não da rentabilidade e sim da capacidade de prover todos os recursos — que podem incluir o dinheiro — necessários para a reprodução do sistema produtivo e suas unidades de produção. Isto coincide com a percepção da economia como a maneira de utilizar recursos escassos para produzir e distribuir bens e serviços de valor para a sociedade. Assim concebida, a sustentabilidade econômica ganha um sentido mais amplo que poderia incluir a rentabilidade ou não. De todos os modos, quando falta sustentabilidade econômica a um sistema e os atores não encontram uma saída factível para tal situação, acontece a perda progressiva dos recursos (em termos de mercado, a descapitalização) e a pobreza, que por si conduz a mais destruição ambiental e mais conflitos sociais.

Como podemos perceber, não há uma solução de sustentabilidade que não esteja baseada na dinâmica das forças sociais, na tecnologia e nas formas socioculturais heterogêneas. Por muitos séculos o colonialismo e o capitalismo trataram de subdesenvolver a Amazônia, despovoando-a na busca de mão de obra, destruindo sua diversidade biológica e fazendo terra arrasada de suas culturas milenares. Para que o conceito de sustentabilidade se torne alternativa de sobrevivência, é preciso evitar a tentação do primitivo, de buscar ressuscitar experiências desastrosas do passado, como o extrativismo. Para o futuro da Amazônia não há diferença em criar uma reserva extrativista ou desmatar a selva para plantar soja: ambas são parte da mesma retórica, da mesma inconsequência. No Acre, reservas extrativistas, justamente por não encontrarem mais uma saída factível para seus produtos extrativistas, voltaram-se para a criação de gado, aumentando o desmatamento e a pobreza.

O conceito de sustentabilidade é uma grande conquista da ciência, e deve valer para todos os projetos econômicos, sejam estes no interior da selva amazônica ou no Japão. Na Amazônia, deve deixar o gueto das comunidades primitivas e ganhar outros segmentos mais avançados, capazes de desenvolver tecnologias e pactuar os requisitos de proteção ao nosso planeta. No Japão, a sustentatibilidade também deve estar presente como um compromisso de que a preservação da natureza não é exclusiva das sociedades emergentes do Terceiro Mundo, mas uma obrigação de toda a humanidade.

A humanidade merece sobreviver?

4
Quem destrói o mundo?

Um dia, em Manaus, os netos de um famoso pajé tukano perguntaram a ele se o mundo ia acabar. Na hora, ele não respondeu e deu de ombros. Meses depois, quando o velho já estava de volta à sua aldeia no alto rio Negro, os netos receberam uma carta manuscrita, na bela caligrafia que ele aprendera com os padres salesianos, contando o seguinte:

Tapuruquara, 5 de abril de 2009.

Meus netos,
Prestem atenção.
Escrevo para vocês que vivem em Manaus e já quase nada sabem sobre os nossos costumes e os nossos princípios. Querem ser mais brancos que os brancos. Em nosso último encontro vocês me perguntaram se o mundo vai acabar um dia. Não sei por que me perguntaram isso. Não pude responder na hora e apenas ri das astúcias de vocês, meus netos. Todos muito espertinhos e cheios de ideias que aprendem na

televisão. Eu também gosto de televisão, mas fico logo com dor de cabeça. Quem sabe não viram na televisão um desses filmes cheios de explosões e cidades destruídas por maremotos. Eu mesmo assisti a um documentário no Discovery sobre algumas hipóteses sobre o fim de nosso mundo. O fim deste planeta que gira no espaço. Pois a verdade, meus netos, é que o mundo vai acabar, sim. E não será a primeira nem a última vez. E tudo por culpa nossa, do bicho gente. No princípio, contam os antigos, o mundo não existia e tudo estava na escuridão. Não se podia ver nada e os olhos não tinham serventia. Da escuridão surgiram um deus e um homem. O deus se chamava Caruçacahiby, o homem, que era filho dele, se chamava Rairu. Caruçacahiby queria criar o mundo. Meteu na cabeça que tinha de haver um lugar diferente daquela escuridão. Um lugar que fosse banhado pela luz. Todos os outros deuses acharam aquilo loucura.

— Caru tá doido — disse o deus Setestrelo.

— Caru tá de miolo mole — disse a deusa Ceucy.

— Caru tá matusquela — disse o deus Tandavu.

— Imagina criar um mundo — comentou o deus Iñapirico.

— Pra quê? Besteira! — Deu de ombros o deus Iepalañy.

Mas Caruçacahiby não deu bola para os resmungos dos deuses e cuspiu para o alto, e quando o cuspe voltou se alastrou na escuridão e virou chão. Rairu pisou no chão de terra ainda úmido e achou bom, nunca tinha pisado no chão e pela primeira vez percebeu para que serviam pernas e pés. Mas Caruçacahiby não estava satisfeito, precisava inventar a luz e teve a ideia de procurar o deus Ulampañam, o Vaga-Lume, que era seu primo, e pedir um pouco da luz que ele acendia no rabo. Ulampañam deu um passa-fora nele e Curuçacahiby esperou o primo dormir. Quando o Vaga-Lume ressonava na escuridão, piscando seu rabo, Curuçacahiby foi lá e apertou o rabo do primo, espremeu bem forte e fez espirrar a luz que iluminou o chão de terra.

O mundo estava criado. E o teimoso deus e seu filho foram viver lá.

Mas o mundo era chato, só tinha terra e pedra, e muita luz.

Um dia Rairu tropeçou em uma pedra furada como uma panela e pôs-se a esculhambar com a pedra. Caru, seu pai, mandou o filho Rairu carregar a pedra com que estava discutindo.

Rairu cumpriu a ordem do pai, carregou na cabeça a pedra. Andou, andou, sempre naquele mundo de terra e luz. Mas a pedra começou a crescer. Foi crescendo e cada vez mais pesando. Cada vez mais pesada. E Rairu disse ao pai:

— Esta pedra está muito pesada.

— Aguenta — dizia Curuçacahiby.

Mas a pedra crescia tanto que Rairu não podia quase andar.

Gemia, gemia e o pai mandava ele aguentar.

A pedra continuava crescendo. Cresceu tanto a pedra em forma de panela que formou o céu.

E dentro da panela de pedra apareceu o céu azul, com nuvens branquinhas, e brilhou o sol.

Rairu caiu de joelhos e ficou com inveja porque o pai havia criado o céu.

Caru arranjara um inimigo, porque o filho não suportava ser menos poderoso.

Um dia Rairu flechou a folha de um tucumã e mandou o pai subir na palmeira para tirar a flecha para ver se o velho se espetava nos espinhos e morria.

O velho chegou perto da palmeira, tocou com um dedo e os espinhos se transformaram em lesmas que caíram no chão e se transformaram em cutias. O velho subiu tranquilo e tirou a flecha e entregou ao filho.

No dia seguinte, na hora de ir para o roçado, Rairu mandou o pai ir na frente e cortou todas as árvores com a intenção de matar o velho. Derrubou então as árvores em cima de Caru. Sobre ele desabaram todos os grandes paus: sumaumeiras, seringueiras, castanheiras, mas o velho virou passarinho e saiu voando.

Rairu olhou com orgulho aquelas árvores todas no chão e achou que o pai estava morto.

Mas no dia seguinte Rairu encontrou o pai em perfeita saúde, colhendo abiu.

Rairu fez de conta que nada tinha acontecido e ao queimar a roça mandou o pai para o meio, para que morresse queimado.

— Pai, vai ali derrubar aquele pau — disse, apontando para um tronco que ficava no meio do roçado.

Rairu viu o velho se dirigir para o meio do fogo. O velho ainda sorria.

O fogo logo se alastrou e as labaredas lambiam tudo em volta e Caru se viu cercado pelo fogo. Rápido, entrou na terra e quando a roça acabou de queimar apareceu ainda sorrindo, com um papagaio no ombro.

Rairu zangou-se muito vendo que o velho deus não morria.

Com raiva, meteu-se no mato. Andou, andou, sempre matutando uma maneira de acabar com a raça do pai. Queria ser deus, e a única forma de deixar de ser gente era matar o pai. Ninguém tinha dito isto a ele, mas ele sabia.

No mato, pegou uns galhos velhos, umas folhas secas e fez a figura de um tatu e enterrou deixando o rabo de fora, no qual esfregou resina. Chamou o pai e disse:

— Vamos caçar?

— Vamos.

Andaram, andaram e não achavam nenhuma caça. E deram com a toca e o rabo do tatu de fora.

— Olha lá um tatu, vem puxar — disse o filho.

O falso tatu parecia vivo e cavava o buraco jogando terra para todos os lados.

O velho deus agarrou o rabo do tatu e ficou preso. Era uma resina forte capaz de prender um deus. Caruçacahiby fez força, muita força, mas o tatu acabou arrastando o deus para dentro da toca, para o fundo do mundo, e sumiu.

Rairu se alegrou, agora era deus, podia mandar naquele mundo.

Mudou um monte de coisa. Mandou a terra virar areia branquinha, mandou as árvores se pintarem de vermelho e colocou estrelinhas no céu.

Um dia, ao passar pelo buraco do tatu, viu Caruçacahiby sair de lá, bem-nutrido e sorridente. O deus continuava vivo e todas as mudanças era ele que havia feito de dentro do buraco do tatu.

O filho pegou um pau e bateu no pai.

O pai lhe disse:

— Não me batas, porque se eu estourar vai tudo estourar junto.

O filho não parou de bater.

— Se esse mundo acabar, outros também acabarão. E cada vez com mais gente.

O filho continuou batendo no velho até ouvir um estrondo e tudo ficar escuro outra vez.

O mundo tinha acabado. Era a primeira vez que acabava, e se acabaria muitas outras vezes.

Caruçacahiby lamentou o fim de seu filho, mas sabia que o bicho-gente era assim mesmo. E feliz continuou na escuridão.

Mas Ulampañam, que havia observado a luz de seu rabo iluminar o mundo no começo do mundo, gostou da ideia de sentir terra no chão e céu azul com nuvens branquinhas.

Desobedeceu a seus irmãos e de um pedaço de unha fez um filho, da raça do bicho-gente. E fez força para sair luz de seu rabo e cuspiu para fazer terra. Mas era um mundo diferente. O filho do Vaga-Lume era dorminhoco, se encostava pelos cantos e ressonava feliz.

Ulampañam pegou um pouco de cabelo e atirou no chão que então cresceu transformando-se numa envira muito grande. Ele apanhou a envira e fez uma corda, amarrou o filho preguiçoso e fez com que ele descesse numa cova muito funda. E daquele buraco, subindo pela corda de envira, veio *um monte de gente. Primeiro subiu uma gente muita feia, e Ulampañam largou a envira justamente quando subia o pessoal mais bonito, que caiu de volta no buraco.*

Se o filho do Vaga-Lume não estivesse dormindo lá embaixo, teria dito que a gente bonita estava para subir.

E Ulampañam apagou aquele mundo de gente feia e tudo voltou à escuridão.

Não sei que deus criou este mundo em que estamos vivendo, as velhas gerações esqueceram seu nome por algum motivo. Suspeito que tenha sido um deus tão medíocre e sem imaginação, que este mundo não deve demorar muito para acabar.

Mas não se aflijam, meus netinhos. Se este mundo nosso acabar, certamente vai aparecer um novo para os deuses se divertirem e o bicho-homem fazer besteira.

Aceitem meu abraço e minha bênção.

Raimundo Pimentel — Harimi-uke Lëmyak — kümu.

Bibliografia

ACUÑA, Cristóbal de. *Nuevo Descubrimiento del Gran Río de Las Amazonas*. Buenos Aires: Emecé editora, 1942.

AGASSIZ, Luiz; AGASSIZ, Elisabeth. *Viagem ao Brasil, 1865 1866*. São Paulo/Belo Horizonte: Editora Itatiaia e Editora da Universidade de São Paulo, 1975.

ARAÚJO, André Vidal de. *Introdução à sociologia da Amazônia*. Manaus: Editora Sérgio Cardoso, 1956.

_____. *Sociologia de Manaus*, aspectos de sua aculturação. Manaus: Edições Fundação Cultural do Amazonas, 1974.

_____. *Estudos de pedagogia e antropologia sociais*. Manaus: Edições Governo do Estado do Amazonas, 1967.

ARNAUD, Expedito. *Aspectos da legislação sobre os índios do Brasil*. Belém: Museu Paraense Emílio Goeldi, publicação avulsa n. 22, 1973.

ANDRADE, Oswald de. *Do Pau-Brasil à Antropofagia e às Utopias* (6º vol. das Obras Completas). Rio de Janeiro: Civilização Brasileira e MEC, 1972.

ARGUEDAS, José María. "Yawar Fiesta" de *La Novela y el Problema de la Expresión Literaria en el Perú*. Buenos Aires: Editorial Losada, 1974.

BAENA, Antônio Ladislau Monteiro. *Compêndio das eras da província do Pará*. Belém: Universidade Federal do Pará, 1969.

BATES, Henry Walter. *The Naturalist on the River Amazon*. Califórnia: University of California Press, 1962.

_____.*O naturalista no rio Amazonas*. São Paulo: Companhia Editora Nacional, 2 v., Brasiliana (vols. 237 e 237ª), 1944.

BATISTA, Djalma. *O complexo da Amazônia*. Rio de Janeiro: Conquista, 1976.

_____.*Apóstolo e santo moderno*. Manaus: Revista da Academia Amazonense de Letras, 1946.

_____.*Cultura amazônica*. Manaus: Revista da Academia Amazonense de Letras, 1955.

_____.*Da habitabilidade da Amazônia*. Rio de Janeiro: Instituto Nacional de Pesquisas da Amazônia, Caderno da Amazônia n. 4, janeiro, 1965.

BENCHIMOL, Samuel. *Estrutura geossocial e econômica do Amazonas*. Manaus: Edições Governo do Estado do Amazonas, 1966.

_____.*Problemas de desenvolvimento econômico*. Manaus: Sérgio Cardoso Editores, 1957.

_____.*Inflação e desenvolvimento econômico*. Manaus: Sérgio Cardoso Editores, 1956.

_____.*O cearense na Amazônia*. Rio de Janeiro: Edição do Conselho de Imigração e Colonização, Imprensa Nacional, 1946.

BITTENCOURT, Agnello. *Dicionário amazonense de biografias*. Manaus/Rio de Janeiro: Editora Conquista e Academia Amazonense de Letras, 1973.

_____. *Plantas e animais bizarros do Amazonas*. Manaus: Edições Governo do Estado do Amazonas, 1966.

_____. *O homem amazonense e o espaço*. Rio de Janeiro: Artenova, 1969.

_____. *Eduardo Gonçalves Ribeiro e o 1º centenário de seu nascimento*. Manaus: Sérgio Cardoso Editores, 1962.

BIOCCA, Ettore. *Yanoàma: dal Racconto di una Donna Rapita Dagli Indii*. Itália: De Donato Editora, 1973.

BLUNTSCHILI, Hans. *A Amazônia como organismo harmônico*. Manaus: Cadernos do Inpa, 1962.

BOXER, C. R. *The Golden Age of Brazil*. 4 ed. Berkeley: University of California Press, 1973.

CARVAJAL, Frei Gaspar de. *Relación del nuevo descubrimiento del famoso río Grande que descubrió por muy gran ventura el capitán Francisco de Orellana*. Madri, 1946, México, 1955.

CASCUDO, Luís da Câmara. *Em memória de Stradelli*. 2 ed. Manaus: Edições Governo do Estado do Amazonas, 1967.

CASTELLO BRANCO, Humberto de Alencar et al. *Operação Amazônia e a Integração Nacional*. Manaus: Secretaria de Imprensa e Divulgação, 1967.

CERVO, Amado Luiz. *Contato entre civilizações*. São Paulo: McGraw Hill do Brasil, 1975.

CID, Pablo. *As amazonas amerígenas*. Rio de Janeiro: Bruno Buccini Editor, 1971.

COLLIER, Richard. *The River that God Forgot*. Nova York: E. P. Dutton, 1968.

CORREA, Luiz de Miranda. *O nascimento de uma cidade*. Manaus: Edições Governo do Estado do Amazonas, 1966.

_____. *A borracha do Amazonas e a Segunda Guerra Mundial*. Manaus: Edições Governo do Estado do Amazonas, 1966.

COSTA, Craveiro. *A conquista do deserto ocidental*. 2 ed. São Paulo: Companhia Editora Nacional (191º vol.), Brasiliana, 1974.

CRULS, Gastão. *A Amazônia que eu vi*. 5 ed. Rio de Janeiro: Livraria José Olympio Editora, 1973.

CRUZ, Oswaldo; CHAGAS, Carlos; PEIXOTO, Afrânio. *Sobre o saneamento da Amazônia*. Manaus: P. Daou, 1972.

CUNHA, Euclides da. *Um paraíso perdido*. Reunião dos ensaios amazônicos. Rio de Janeiro: Vozes e MEC, 1976.

_____. *À margem da História*. 4 ed. Porto: Lelo & Irmão editores, 1926.

DANIEL, João. *Tesouro descoberto no Rio Amazonas*. Rio de Janeiro: Anais da Biblioteca Nacional (2º vol.), 1975.

_____. *Etnias e culturas no Brasil*. Rio de Janeiro: Civilização Brasileira, 1975.

DIAS, Maria Odilia da Silva. *O fardo do homem branco*. Southey, historiador do Brasil. São Paulo: Companhia Editora Nacional (344º vol.), Brasiliana, 1974.

DIÉGUES JÚNIOR, Manuel. *Região, desenvolvimento e cultura*. Manaus: Edições Governo do Estado do Amazonas, 1966.

DOBB, Maurice. *A evolução do capitalismo*. São Paulo: Zahar Editores, 1966.

D'ORBIGNY, Alcide. *Viagem pitoresca através do Brasil.* São Paulo/Belo Horizonte: Itatiaia e Editora da Universidade de São Paulo, 1976.

FANON, Frantz. *Os condenados da terra.* Rio de Janeiro: Civilização Brasileira, 1968.

FERREIRA, Alexandre Rodrigues. *Viagem Filosófica pelas Capitanias do Grão-Pará, Rio Negro, Mato Grosso e Cuiabá: Zoologia e Botânica.* Rio de Janeiro: Conselho Federal de Cultura, 1972.

_____. *Viagem filosófica pelas Capitanias do Grão-Pará, Rio Negro, Mato Grosso e Cuiabá*, dois volumes de iconografias: geografia, antropologia e zoologia. Rio de Janeiro: Conselho Federal de Cultura, 1972.

_____. *Viagem filosófica pelas Capitanias do Grão-Pará, Rio Negro, Mato Grosso e Cuiabá: Antropologia.* Rio de Janeiro: Conselho Federal de Cultura, 1974.

_____. *Diário da Viagem Filosófica pela Capitania de São José do Rio Negro.* Rio de Janeiro: Revista do Instituto Histórico e Geográfico Brasileiro (tomo 48), 2005.

FOUCAULT, Michel. *As palavras e as coisas.* Lisboa: Portugália Editora, 1968.

FRANCO, Afonso Arinos de Melo. *O índio brasileiro e a Revolução Francesa.* 2 ed. Rio de Janeiro: Livraria José Olympio Editora, 1976.

FURTADO, Celso. *A pré-revolução brasileira.* Rio de Janeiro: Editora Fundo de Cultura, 1961.

_____. *Formação econômica do Brasil.* Rio de Janeiro: Editora Fundo de Cultura, 1959.

_____. *Subdesenvolvimento e estagnação na América Latina.* Rio de Janeiro: Civilização Brasileira, 1968.

GALVÃO, Eduardo. *Santos e visagens.* 2 ed. São Paulo: Companhia Editora Nacional (284º vol.), Brasiliana, 1976.

_____. *Encontro de sociedade tribal e nacional.* Manaus: Edições Governo do Estado do Amazonas, 1966.

_____. *Estudos de antropologia na Amazônia.* Manaus: Edições Governo do Estado do Amazonas, 1967.

GOODLAND, Robert; IRWIN, Howard. *A Selva Amazônica: do inferno verde ao deserto vermelho.* São Paulo/Belo Horizonte: Itatiaia e Editora da Universidade de São Paulo, 1975.

GOUROU, Pierre. *O futuro dos trópicos úmidos.* Manaus: Edições Governo do Estado do Amazonas, 1966.

HAUSER, Arnold. *Teorias da arte.* Lisboa: Editorial Presença, 1973.

HOLANDA, Sérgio Buarque de. *Raízes do Brasil.* 9 ed. Rio de Janeiro: Livraria José Olympio Editora, 1976.

_____. *Visão do paraíso.* 2 ed. São Paulo: Companhia Editora Nacional e Editora da Universidade de São Paulo (333º vol.), Brasiliana, 1969.

IANNI, Octávio. *O colapso do populismo no Brasil.* 2 ed. Rio de Janeiro: Civilização Brasileira, 1971.

_____. *A formação do estado populista na América Latina.* Rio de Janeiro: Civilização Brasileira, 1975.

_____. *Imperialismo y Cultura de la Violencia en América Latina.* 2 ed. México: Siglo XXI Editores, 1971.

_____. *Imperialismo na América Latina.* Rio de Janeiro: Civilização Brasileira, 1974.

JALÉE, Pierre. *A exploração do 3º Mundo*. São Paulo: Zahar Editores, 1968.

KAPLAN, David e MANNERS, Robert A. *Teoria da Cultura*. São Paulo: Zahar Editores, 1975.

LAMBERT, Jacques. *Os dois Brasis*. 9 ed. São Paulo: Editora Nacional (335º vol.), Brasiliana, 1976.

LÉVI-STRAUSS, Claude. *Tristes trópicos*. Lisboa: Portugália Editora, s/d.

_____. *O pensamento selvagem*. 2 ed. São Paulo: Editora Nacional, 1976.

LIMA, Araújo. *Amazônia, a terra e o homem*. 4 ed. São Paulo: Companhia Editora Nacional (104º vol.), Brasiliana, 1975.

MANNHEIM, Karl. *Ideologia e utopia*. 3 ed. São Paulo: Zahar Editores, 1976.

_____. Sociologia da Cultura. São Paulo: Editora Perspectiva e Editora da Universidade de São Paulo, 1974.

MARIATEGUI, José Carlos. *Sete ensaios de interpretação da realidade peruana*. São Paulo: Alfa Omega, 1975.

MARTINS, José de Souza. *Capitalismo e tradicionalismo*. São Paulo: Biblioteca Pioneira de Ciências Sociais, 1975.

MAURO, Fréderic. *História econômica mundial*. São Paulo: Zahar Editores, 1973.

MEGGERS, Betty J. *Amazônia, a ilusão de um paraíso*. Rio de Janeiro: Civilização Brasileira, 1977.

MEIRA, Sílvio. *A epopeia do Acre*. Rio de Janeiro: Forense Universitária, 1974.

MELLO, Thiago de. *Notícia da visitação que fiz no verão de 1953 ao rio Amazonas e seus barrancos*. Rio de Janeiro:

Serviço de Documentação do Ministério da Educação e Cultura, 1957.

MENDES, Armando. *Amazônia econômica, problema brasileiro*. São Paulo: Record, 1939.

_____.*Viabilidade econômica da Amazônia*. Belém: Universidade Federal do Pará, 1971.

_____.*A invenção da Amazônia*. Belém: Universidade Federal do Pará, 1972.

MENEZES, Anderson de. *História da Faculdade de Direito do Amazonas*, 1909-1959. Manaus: Tipografia Fenix, 1959.

MILLAR, George. *Orellana descubre el Amazonas*. Santiago do Chile: Ercilla Editor, s/d.

MILLS, C. Wright. *A elite do poder*. 3 ed. São Paulo: Zahar Editores, 1975.

MONTEIRO, Mário Ypiranga. *Fundação de Manaus*. 3 ed. Manaus: Editora Conquista e Academia Amazonense de Letras, s/d.

_____.*Roteiro do folclore amazônico*. Manaus: Editora Sérgio Cardoso, 1º vol., 1964, 2º vol., 1974.

_____.*O Espião do Rei*. Manaus: Edição separata da revista *Planície*, 1950.

_____.*A Catedral Metropolitana de Manaus, sua longa história*. Manaus: Edições *Planície*, Coleção Muiraquitã, 1958.

_____. *Teatro Amazonas*. Manaus: Edições Governo do Estado do Amazonas (3º vol.), 1965-1966.

MONTEIRO, Raimundo. *As horas lentas*. Manaus, 1930.

MONTENEGRO, Luiz. *Algumas características antropológicas em uma amostra da população de Manaus*. São Paulo: Separata da *Revista de Antropologia* (12º vol.), 1965.

MORAES, Raimundo. *Na planície amazônica*. Rio de Janeiro: Conquista, 1960.

MOOG, Vianna. *Bandeirantes e pioneiros*. 10 ed. Porto Alegre: Globo, 1973.

NERY, (Barão) Frederico José de Sant'Anna. *Le Pays des Amazones*. Paris: Lib. Guillaumin, 1899.

N'KRUMAH, Kwame. *Neo colonialism, the last stage of Imperialism*. Nova York: International Publishers, 1966.

ORICO, Osvaldo. *Cozinha amazônica*. Belém: Universidade Federal do Pará, 1972.

_____. *Mitos ameríndios e crendices amazônicas*. Rio de Janeiro: Civilização Brasileira, 1975.

OSBORN, Harold. *South American Mythology*. 3 ed. Londres: The Hamlyn Publishing Group, 1975.

PAZ, Octavio. *O labirinto da solidão*. Rio de Janeiro: Paz e Terra, 1976.

_____. *Los Signos en Rotación y Otros Ensayos*. Madri: Alianza Editorial, 1971.

PEREIRA, Nunes. *Panorama da Alimentação Indígena*. Rio de Janeiro: Livraria São José, 1974.

_____. *Um naturalista brasileiro na Amazônia*. Manaus: Imprensa Oficial, 1942.

_____. *Moronguetá, um Decameron Indígena*. Rio de Janeiro: Civilização Brasileira (2º vol.), 1967.

PERES, Leopoldo. *Getúlio Vargas, o homem e o chefe*. Rio de Janeiro: Empresa Gráfica O Cruzeiro, 1944.

PINTO, E. Roquette. *Rondônia*. 6 ed. São Paulo: Companhia Editora Nacional (39º vol.), Brasiliana, 1975.

PRADO JR., Caio. *Formação do Brasil contemporâneo (Colônia)*. 8 ed. São Paulo: Brasiliense, 1965.

_____. *História econômica do Brasil*. 9 ed. São Paulo: Brasiliense, 1965.

PRADO, Paulo. *Província & Nação*. Rio de Janeiro: Livraria José Olympio Editora, 1972.

RAIOL, Domingos Antônio. *Motins políticos*. Belém: Universidade Federal do Pará (3º vol.), 1970.

RANGEL, Alberto. *Inferno Verde*. Itália: Edição do Autor, 1904.

REIS, Arthur Cezar Ferreira. *História do Amazonas*. Manaus: Oficina Tipográfica de A. Reis, 1931.

_____. *A Amazônia e a cobiça internacional*. 4 ed. Rio de Janeiro: Companhia Editora Americana, 1972.

_____. *Síntese da História do Pará*. Belém: Universidade Federal do Pará e Amazônia Edições Culturais, 1972.

_____. *A Autonomia do Amazonas*. Manaus: Edições do Governo do Estado do Amazonas, 1965.

_____. *A Amazônia e a integridade do Brasil*. Manaus: Edições Governo do Estado do Amazonas, 1966.

_____. *Súmula de História do Amazonas*. Manaus: Edições Governo do Estado do Amazonas, 1965.

_____. *O seringal e o seringueiro*. Rio de Janeiro, 1953.

REIS, Gustavo Morais Rêgo. *A Cabanagem*. Manaus: Edições Governo do Estado do Amazonas, 1965.

RENAUD, Roger et al. *De l'Ethnocide*. Paris: Union Générale d'Éditions, 1972.

RIBEIRO, Darcy. *Configurações histórico-culturais dos povos americanos*. Rio de Janeiro: Civilização Brasileira, 1975.

_____. *Os índios e a civilização*. Rio de Janeiro: Civilização Brasileira, 1970.

SINGER, Paul. *A crise do "Milagre"*. 2 ed. Rio de Janeiro: Paz e Terra, 1976.

SPIX, Johann Baptist Von; MARTIUS, Karl Friedrich. *Viagem pelo Brasil*. Brasília: ed. condensada, Instituto Nacional do Livro, 1972.

STEIN, Barbara H.; STEIN, Stanley. *La Herencia Colonial de América Latina*. México: Siglo XXI Editora, 1970.

STERLING, Thomas. *The Amazon*. Amsterdã: Time Life Int., 1973.

STRADELLI, Ermano. *La Leggenda del Jurupary e outras lendas amazônicas*. São Paulo: Instituto Cultural Ítalo-Brasileiro, caderno nº 4, 1964.

UCHÔA. *Aspectos sociais e políticos do desenvolvimento regional*. Manaus: Sérgio Cardoso Editores, 1962.

WAGLEY, Charles. *Uma comunidade amazônica*. São Paulo: Companhia Editora Nacional (290º vol.), Brasiliana, 1957.

WALLACE, Alfred Russel. *Viagem pelo Amazonas e rio Negro*. São Paulo: Companhia Editora Nacional (156º vol.), Brasiliana, 1939.

WILKENS, Henrique João. *A Muhraida ou a Conversão e Reconciliação do Gentio Muhra*. Lisboa: Impressão Régia, 1819.

Este livro foi composto na tipografia
Minion Pro, em corpo 10,5/16, e impresso em
papel off-white 80g/m² na Plena Print.